Sorpresas

Sorpresas

Elena Olazagasti-Segovia
Vanderbilt University

Holt, Rinehart and Winston
Harcourt Brace Jovanovich College Publishers
Fort Worth   Philadelphia   San Diego   New York   Orlando   Austin   San Antonio
Toronto   Montreal   London   Sydney   Tokyo

Publisher	Ted Buchholz
Senior Acquisitions Editor	Jim Harmon
Developmental Editor	Jeff Gilbreath
Project Editor	Lupe Garcia Ortiz
Production Manager	Monty Shaw
Art and Design Supervisor	Burl Sloan
Photo/Permissions Editor	S. Webster
Compositor	P&M Typesetting, Inc.

Address for Editorial Correspondence
Harcourt Brace Jovanovich, Publishers, 301 Commerce Street, Suite 3700, Fort Worth, TX 76102

Address for Orders
Harcourt Brace Jovanovich, Publishers, 6277 Sea Harbor Drive, Orlando, FL 32887
1-800-782-4479, or 1-800-443-0001 (in Florida)

Cover Art: Kohn, Misch, *Labyrinth*. Honolulu Academy of Arts, Gift of Kei-Pak Lo.

Printed in the United States of America

Library of Congress Catalog Card Number: 92-053419

ISBN: 0-03-054823-3

3 4 5 6 039 9 8 7 6 5 4 3 2 1

PARA MIS PADRES
*por todos los cuentos
que me leyeron y los que se inventaron para mí.*

PARA FERNANDO,
el mejor «cuentista» de todos.

Preface ∽∽∽∽∽∽∽∽∽∽∽∽∽∽∽∽∽∽∽∽∽∽∽∽∽∽∽∽∽∽∽∽∽∽∽∽

Sorpresas is a Spanish literary reader designed to be used at the intermediate level. It consists of fourteen short stories by contemporary authors from Argentina, Bolivia, Chile, Colombia, Cuba, Ecuador, Guatemala, Mexico, Panama, Puerto Rico, Spain and Uruguay. Some of them are well established and widely known, as is the case of Enrique Anderson Imbert, Mario Benedetti, Ana María Matute, and Augusto Monterroso. There are also more recent and very talented authors, such as Iván Egüez, Marina Mayoral, Silvia Molina, Luisa Valenzuela, and Mirta Yáñez. The stories have been arranged according to length and level of difficulty, proceeding from the shortest to the longest, and from the most accessible to the most challenging.

As the title already suggests, all of the stories have a common denominator: there is a surprise, an unexpected turning point or ending, usually funny, witty, ironic. This surely will be a question in the student's mind during the reading ("What is the surprise?"), and others will follow in the class discussion ("Where is the surprise?"; "Why is it a surprise?"; "Who was involved in it?"; "Why?"; "Did you suspect it would be that way?"; "When?"). This common trait is expected to catch the reader's attention, to encourage him/her to continue reading, and to do it carefully, looking not only for major information, but for details as well. Needless to say, students will get much more than just a surprise. All of the stories are of high caliber and offer students a chance to discuss a wide range of subjects and to be exposed to excellent examples of the genre.

Chapter Structure
1. **Antes de leer** contains the following sections:
   a. Vocabulario para la lectura: Students are expected to be familiar with these words or expressions in order to understand the story. There are never more than twenty-five words/expressions. In all likelihood most of the students are already acquainted with some of them. Some may be new, however, and, as such, it is especially important that students be introduced to them before they start reading. There is an exercise based on all of the words or expressions on this list.
   b. Sobre el autor/la autora: Next is presented a short paragraph with bio-/bibliographical information (country of origin, date of birth, interests, main topics and characteristics of his/her books, specifically about the book from which the present story was chosen). It is written in Spanish and uses many cognates and basic words and structures.

c. Preguntas de orientación: These questions will help students understand the background and clarify allusions in the story (i.e. biblical, historical, geographical) and assist in guessing or inferring what the story will be about.

d. Preguntas de anticipación: Students should bear in mind these questions while reading the story because they focus on the main facts.

e. Usted sabe más de lo que cree: This brief introduction encourages students to make use of reading strategies (i.e., word recognition—cognates, root words, word families—; predicting content; guessing or inferring meaning from context), as well as to call their attention to certain literary aspects that may be particularly important in a given story (i.e., point of view; time; repetition; use of slang and loan words).

2. The story is then presented with marginal glosses and cultural footnotes.

3. **Después de leer** includes the following sections:

a. ¿Qué pasó? includes questions about the content of the story to check comprehension.

b. ¿Cuándo pasó? contains facts or events from the story to be organized chronologically. This is particularly helpful in the case of stories where the use of flashback is frequent.

c. En otras palabras exercises focus on vocabularly building (for example, definitions—a definition is given and the student should come up with the word defined, or vice versa; synonyms and antonyms in a matching columns format; fill-in exercises to practice vocabulary usage in context; etc.).

d. Parecidas pero diferentes is a multiple choice exercise designed to practice deceiving words (false cognates; words with similar spelling, but unrelated meaning; English words with more than one meaning in Spanish or vice-versa).

e. Exprese su opinión questions are intended to relate the story to the student's experience, encouraging classroom discussion.

f. Temas para crear/investigar are suggested topics for stimulating creativity and research and can be used for oral presentation or written composition.

Apéndices. There are two appendixes:

1. **Parecidas pero diferentes:** All the words that are included in this section of each story appear here. They are first listed in alphabetical order, and the student is directed to look under the word in

English that is either its false cognate, a word with similar spelling, but unrelated meaning, or a word with more than one meaning. In a second section, the English words are listed in alphabetical order and the Spanish words are defined in English. They are also used in model sentences, which are translated into English as well.

2. **Palabras indígenas de «Tres hombres junto al río»:** All the Indian words that appear in the last story are listed here in alphabetical order. Most of them are glossed in the story as well. Some have been omitted to encourage students to guess from the context. In a few cases more information has been added. These words do not appear in the end-of-book vocabulary.

Acknowledgments

I wish to express my special appreciation to Jeffry Gilbreath, Developmental Editor at Harcourt Brace Jovanovich, for his meticulous editing of the text, his insightful suggestions, and his continuous support. I would also like to thank my students at Vanderbilt, especially Paulee Coughlin, Mary McNeil and Kimberlee Kilgore, for their enthusiastic encouragement. I gratefully acknowledge the following reviewers for their valuable comments:

Miguel Cano, Fort Lewis College
Barbara Davis, Onondaga Community College
Fidel de León, El Paso Community College
Beatriz G. Faust, Schreiner College
Donald B. Gibbs, Creighton University
John W. Griggs, Glendale Community College
Alberto Hernández, Davidson College
Janet Hillar, Rice University
Ellen Leeder, Barry University
Beverly Leetch, Towson State University
Ellen C. McArdle, Raritan Valley Community College
J. C. Maloney, University of Texas, Panamerican
Arthur Natella, New Mexico State University
Nancy Ann Norris, Western Carolina University
Raúl Padilla, Western Kentucky University
Karen Rader, The Ohio State University
Mary Jane Treacy, Simmons College
Gustavo Umpierre, Fordham University

Literary Credits ᴐᴐ

I wish to thank the following authors, publishers, and holders of copyright for their permission to use the stories included in this book.

Enrique Anderson Imbert. «El crimen perfecto», *Narraciones completas*. Buenos Aires: Ediciones Corregidor, 1990, reprinted by permission of the author.

Augusto Monterroso. «La honda de David», *Animales y hombres*. San José, Costa Rica: Editorial Universitaria Centroamericana, 1972, reprinted by permission of the publisher.

Luisa Valenzuela. «Los mejor calzados», *Aquí pasan cosas raras*. Buenos Aires: Ediciones de la Flor SRL, 1975, reprinted by permission of the publisher.

Silvia Molina. «La casa nueva», *Lides de estaño*. México: Universidad Autónoma Metropolitana, 1984, reprinted by permission of the author.

Gastón Suárez. «El forastero y el candelabro de plata», *Los mejores cuentos bolivianos del siglo XX*, Ricardo Pastor Poppe, ed. La Paz, Bolivia: Editorial Los Amigos del Libro, 1980, reprinted by permission of the publisher and the author's widow.

Juan O. Díaz Lewis. «Carta a un psiquiatra», *Antología del cuento hispanoamericano*, Ricardo A. Latcham, ed. Santiago, Chile: Empresa Editora Zig-Zag SA, 1962, reprinted by permission of the publisher.

Hernando Téllez. «Espuma y nada más», *Cenizas para el viento y otras historias*. Santiago, Chile: Editorial Universitaria SA, 1969, reprinted by permission of the publisher.

Ana María Matute. «Caminos», *Historias de la Artámila*. Barcelona: Ediciones Destino, S.A., 1975, reprinted by permission of the publisher.

José Donoso. ««China»», *Cuentos*. Barcelona: Editorial Seix Barral SA, 1971, reprinted by permission of Agencia Literaria Carmen Balcells S.A.

Marina Mayoral. «Ensayo de comedia», *Morir en sus brazos y otros cuentos*. Alicante: Editorial Aguaclara, 1989, reprinted by permission of Nueva Agencia Literaria Internacional.

Mario Benedetti. «Los pocillos», *Cuentos*. Madrid: Alianza Editorial 1982, reprinted by permission of Agencia Literaria Mercedes Casanovas.

Mirta Yáñez. «Por la mañanita Fifita nos llama», *Todos los negros tomamos café*. La Habana: Editorial Arte y Literatura, 1976, reprinted by permission of Agencia Literaria Latinoamericana.

Iván Egüez. «Gabriel Garboso», *El triple salto*. Quito, Ecuador: Editorial El Conejo, 1981, reprinted by permission of the author.

René Marqués. «Tres hombres junto al río», *En una ciudad llamada San Juan*. 4a ed. ampliada. Río Piedras, Puerto Rico: Editorial Cultural 1974, reprinted by permission of Fundación René Marqués, Inc.

Photo Credits ᴐᴐᴐᴐᴐᴐᴐᴐᴐᴐᴐᴐᴐᴐᴐᴐᴐᴐᴐᴐᴐᴐᴐᴐᴐᴐᴐᴐᴐᴐ

90, Comstock/Stuart Cohen.

106, Peter Menzel.

122, Peter Menzel.

136, AP/Wide World Photos, Inc.

150, Peter Menzel.

164, Comstock/Stuart Cohen.

Índice ∽∽∽∽∽∽∽∽∽∽∽∽∽∽∽∽∽∽∽∽∽∽∽∽∽∽∽∽

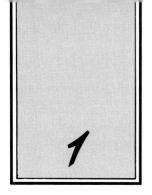

El crimen perfecto

Enrique Anderson Imbert (Argentina)

ANTES DE LEER*

Vocabulario para la lectura.

Estudie las palabras y frases siguientes:

1. **monjita (monja)** *nun* En el convento ya no había monjitas.
2. **enterrar (ie)** *to bury* Las monjitas ya no enterraban a monjitas en su cementerio.
3. **lápida** *tombstone* Las lápidas del cementerio eran todas iguales.
4. **encargarse de** *to take care of* Las monjas se encargaban de mantenerlas limpias.
5. **orilla** *shore* El cementerio estaba a orillas del río.
6. **ateo/a** *atheist* El muerto había sido ateo.
7. **al lado de** *beside* El hombre ateo estaba al lado de las monjas muertas.
8. **a nado** *swimming* Las almas de las monjitas cruzaron el río a nado.
9. **lancha** *boat* Los viajeros iban por lancha.
10. **bizco/a** *cross-eyed* El nombre del pueblo era Fray Bizco.
11. **dar parte** *to give notice* Los viajeros dieron parte a las autoridades.
12. **cavar** *to dig* Los policías cavaron y sacaron el cadáver.
13. **aliviado/a** *relieved* Las almas de las monjitas regresaron aliviadas.
14. **juez (el/la)** *judge* El juez escucha la confesión del asesino.

*Antes de cada uno de los cuentos seleccionados, usted siempre encontrará varias secciones que le servirán de preparación previa a la lectura. Considere cada sección con cuidado porque deben servirle para ayudarle a comprender el cuento, sugerirle las ideas principales y adelantarle la sorpresa que encierra.

¡Vamos a practicar!

Complete las oraciones con la forma adecuada de las palabras o frases de la lista de vocabulario.

1. La Inquisición juzgaba a las personas acusadas de _____.

2. Si te sientas _____ la ventana, tendrás más luz para leer.

3. Los vecinos vieron a un individuo sospechoso y _____ a la policía inmediatamente.

4. Margarita estudió en un colegio católico donde las maestras eran _____.

5. Las aspirinas no me han _____ el dolor de cabeza todavía.

6. Estoy cansada porque ayer tuvimos una fiesta y yo _____ todos los preparativos.

7. Una persona _____ tiene un defecto en los ojos.

8. Llegamos en _____ hasta el medio del lago y volvimos _____ a la _____.

9. El _____ le leyó su sentencia al acusado.

10. Algunos animales _____ comida para tener qué comer durante el invierno.

11. En la _____ podemos leer el nombre de la persona que murió y las fechas de su nacimiento y su muerte.

12. Los piratas _____ en el lugar indicado según el mapa y encontraron el tesoro.

Sobre el autor ✅✅✅✅✅✅✅✅✅✅✅✅✅✅✅✅✅✅✅✅✅✅✅✅✅✅✅✅✅✅✅

Enrique Anderson Imbert nació en Córdoba, Argentina, en 1910. Es escritor, crítico literario, historiador de la literatura hispanoamericana y profesor. Sus cuentos, muy populares en las antologías del género, casi siempre son breves y contienen elementos fantásticos. Fuerzas sobrenaturales intervienen en ellos de manera inexplicable pero no resultan del todo absurdos. En El gato de Cheshire *(1965), de donde ha sido tomado el cuento de nuestra antología, frecuentemente*

Anderson Imbert nos da su interpretación personal de un personaje—histórico, literario o mitológico—, de algún episodio bíblico o, como en el cuento seleccionado, de una frase popular.

Usted sabe más de lo que cree

Uno de los aspectos básicos cuando una persona lee cualquier texto, ya sea escrito en su propia lengua o en una lengua extranjera, es reconocer las palabras que ya sabe. Observe las palabras siguientes que encontrará en el cuento que leerá a continuación: crimen, perfecto, plan, ejecución, cementerio, convento, cipreses, error, víctima, sepulcro, dirección, autoridades, inspeccionar, investigación. *Probablemente notará que se parecen mucho a palabras que usted sabe en inglés: algunas son completamente idénticas, sin ningún tipo de modificación en su ortografía, y otras tienen cambios mínimos que no impiden su reconocimiento. A veces son un poco más difíciles de reconocer, como en el caso de* **desierto** (deserted, empty), **cadáver** (cadaver, corpse), **enterrar** (to inter, bury), *tal vez porque el equivalente en inglés es menos popular en la lengua común. A todas estas palabras se les llama* **cognados**. *Según vaya leyendo, subraye todos los cognados que reconozca. Al leer en una lengua extranjera debe beneficiarse del conocimiento de estas palabras. ¡Así puede leer más fácil y rápidamente!*

Preguntas de orientación.

Las preguntas siguientes le ayudarán a comprender mejor el cuento.

1. ¿Por qué se dice que «No hay crimen perfecto»?

2. ¿Qué es ser ateo?

3. ¿Qué normas tiene la Iglesia Católica en cuanto a enterrar a una persona en un cementerio católico?

Preguntas de anticipación.

Piense en las preguntas siguientes mientras lee el cuento.

1. ¿Quién narra el cuento?

2. ¿Quién escucha la narración?

3. ¿Qué error cometió el narrador?

El crimen perfecto

—Creí haber cometido el crimen perfecto. Perfecto el plan, perfecta su ejecución. Y para que nunca se encontrara el cadáver lo escondí donde a nadie se le ocurriría buscarlo: en un cementerio. Yo sabía que el convento de Santa Eulalia estaba desierto desde
5   hacía años y que ya no había monjitas que enterrasen a monjitas en su cementerio. Cementerio blanco, bonito, hasta alegre con sus cipreses y paraísos a orillas del río. Las lápidas, todas iguales y ordenadas como canteros de jardín alrededor de una hermosa imagen de Jesucristo, lucían como si las mismas muertas se
10   encargasen de mantenerlas limpias. Mi error: olvidé que mi víctima había sido un furibundo ateo. Horrorizadas por el compañero de sepulcro que les acosté al lado, esa noche las muertas decidieron mudarse: cruzaron a nado el río llevándose consigo las lápidas y arreglaron el cementerio en la otra orilla, con Jesucristo y todo. Al
15   día siguiente los viajeros que iban por lancha al pueblo de Fray

Bizco vieron a su derecha el cementerio que siempre habían visto a su izquierda. Por un instante se les confundieron las manos y creyeron que estaban navegando en dirección contraria,° como si volvieran de Fray Bizco, pero en seguida advirtieron que se trataba

20 de una mudanza y dieron parte a las autoridades. Unos policías fueron a inspeccionar el sitio que antes ocupaba el cementerio y, cavando donde la tierra parecía recién removida, sacaron el cadáver (por eso, a la noche, las almas en pena° de las monjitas volvieron muy aliviadas, con el cementerio a cuestas°) y de investigación en

25 investigación... ¡bueno!... el resto ya lo sabe usted, señor Juez.

opposite

las... poor souls
a... on their backs

DESPUES DE LEER

¿Qué pasó?
Conteste las preguntas siguientes.

1. ¿Dondé escondió el narrador el cadáver? ¿Por qué?

2. ¿Cómo era el cementerio de Santa Eulalia? ¿Dónde estaba?

3. ¿Qué hicieron las monjitas muertas esa noche? ¿Por qué?

4. ¿Qué sucedió al día siguiente?

5. ¿Qué hicieron los viajeros?

6. ¿Qué hicieron los policías?

7. ¿Qué pudieron hacer entonces las almas de las monjitas muertas?

En otras palabras

A. Definiciones.   ¿Cuál es la palabra para cada una de estas definiciones?

1. una acción mala, como un asesinato

2. el cuerpo de una persona muerta

3. el lugar donde están las personas muertas

4. el lugar donde viven las monjas

5. el árbol que vemos frecuentemente en los cementerios

6. la piedra que tiene información sobre la persona muerta

7. la representación de una persona

8. una acción equivocada

9. una persona que no cree en Dios

10. los extremos o lados de un río

11. un tipo de bote

12. remover la tierra

B. ¿Recuerda el sinónimo?   Escoja el número correspondiente.

1. desierto	_____ bonito
2. lancha	_____ tumba
3. alegre	_____ regresar
4. hermoso	_____ vacío
5. sitio	_____ bote
6. sepulcro	_____ ocultar
7. esconder	_____ feliz
8. volver	_____ lugar

C. ¿Recuerda el antónimo?   Escoja el número correspondiente.

1. encontrar	_____ sucias
2. nunca	_____ después
3. antes	_____ perder
4. sacar	_____ levantar
5. iguales	_____ meter
6. limpias	_____ diferentes
7. olvidar	_____ siempre
8. acostar	_____ recordar

D. ¿Qué palabra falta?   Complete las oraciones con la palabra adecuada de la lista siguiente.

almas	convento	investigación	orilla
asesino	crimen	izquierda	policía
ateo	derecha	lancha	pueblo
cadáver	encontrar	lápidas	regresar
cavar	enterrar	monjas	río
cementerio	imagen	mudarse	viajeros

Despúes que el _____ mató a la víctima, fue al _____ del _____ y _____ el _____. El sabía que las _____ ya no lo usaban. Estaba muy contento porque creía que su _____ era perfecto. Cuando las _____ de las monjitas supieron que el muerto era un _____, decidieron _____ de allí. Cruzaron el _____ y llevaron las _____ y la _____ de Jesucristo que había en el cementerio, y se instalaron en la otra _____.

Al otro día, cuando los _____ iban al _____ por _____ vieron que el cementerio no estaba a la _____ como siempre, sino a la _____. Sospecharon que algo extraño sucedía y llamaron a la _____. Unos policías llegaron al sitio donde estaba antes el cementerio y observaron que en un lugar la tierra estaba recién removida. Comenzaron a _____ allí y encontraron el cadáver. Por la noche, las monjitas pudieron _____ al cementerio abandonado. La policía hizo una _____ y por fin pudo _____ al asesino.

Parecidas pero diferentes

Algunas veces la apariencia de las palabras es muy similar pero el contenido o significado es diferente. Podemos reconocerlas pero no tienen el sentido que esperábamos. Al final del libro encontrará una lista de las palabras que se confunden más frecuentemente y esta última sección de ejercicios le servirá para practicarlas.

Complete las oraciones siguientes con las palabras correctas entre paréntesis. Puede consultar el Apéndice A, *Parecidas pero diferentes*, en la página 180, si necesita revisar el significado de las palabras.

1. Este cuento (se trata/trata) de una confesión de un criminal que (tomó/llevó) el cuerpo del muerto a un cementerio de monjas.

2. El (sabía/conocía) el lugar y (sabía/conocía) que estaba desierto (desde/ya que) hacía años.

3. Las monjitas (mantenían/sostenían/apoyaban) el lugar muy limpio.

4. Cuando las almas de las monjitas muertas (supieron/conocieron) que el muerto había sido ateo, no pudieron (apoyar/soportar/sostener) esa ofensa y decidieron (mudarse/moverse).

5. Los viajeros de Fray Bizco vieron que el cementerio estaba (a la derecha/derecho) y, después de mucha confusión, entendieron que (se trataba/trataba) de una mudanza.

6. Informaron a unos policías que fueron a (buscar/mirar) una explicación al cementerio.

7. En un lugar donde la tierra (miraba/aparecía/parecía) recién removida (apareció/pareció/se pareció a) un cadáver.

8. (Como/Desde/Porque) la policía sacó el cadáver del cementerio, las almas de las monjitas pudieron (volver/devolver).

Exprese su opinión

Conteste las preguntas siguientes.

1. ¿Qué tipo de persona cree usted que es el asesino? Descríbalo y explique por qué cree eso de él.

2. ¿Qué relación hay entre el nombre del pueblo y el problema del cuento?

3. ¿Por qué el asunto del cuento, a pesar de ser macabro, resulta humorístico?

4. ¿Sabe de algún caso criminal que se haya resuelto por accidente? ¿Cuál?

5. ¿Qué opina usted sobre la participación de los viajeros en el descubrimiento del crimen? ¿Por qué cuando las personas tienen información sobre un crimen no siempre le dan parte a la policía? ¿Cómo trata de resolver este problema la policía?

Temas para crear

1. Invente un monólogo del criminal antes de cometer el crimen «perfecto».

2. Invente un diálogo entre varias monjitas muertas cuando se enteraron de que el muerto recién enterrado en el cementerio era ateo, y otro entre los viajeros y los policías.

2

La honda de David

Augusto Monterroso (Guatemala)

ANTES DE LEER

Vocabulario para la lectura.

Estudie las palabras y frases siguientes:

1. **había una vez**   *once upon a time there was...*   Había una vez un niño llamado David N.

2. **puntería**   *good aim*   Su puntería despertaba la envidia de los otros niños.

3. **resortera**   *sling*   Su puntería y habilidad en el manejo de la resortera despertaban envidia.

4. **tiro al blanco**   *target shooting*   David estaba cansado del tedioso tiro al blanco que practicaba contra latas vacías o pedazos de botella.

5. **lata**   *can*   David estaba cansado del tedioso tiro al blanco que practicaba contra latas vacías o pedazos de botella.

6. **disparar contra**   *to throw, to shoot at*   Disparaba sus guijarros contra latas vacías o pedazos de botellas.

7. **guijarro**   *pebble*   Disparaba sus guijarros contra latas vacías o pedazos de botellas.

8. **de modo que**   *so, so that*   Descubrió que era más divertido disparar contra los pájaros, de modo que eso hizo.

9. **de ahí en adelante**   *henceforth, from then (there) on*   De ahí en adelante sólo disparaba contra los pájaros.

10. **a su alcance**   *within his reach*   Disparaba contra todos los pájaros que se ponían a su alcance.

11. **susto**   *scare, fright*   Los pájaros tenían el corazón agitado por el susto.

12. **enterarse de**   *to find out*   Cuando los padres de David se enteraron de esta costumbre de su hijo se alarmaron mucho.

13. **lágrima**   *tear*   Con lágrimas en los ojos, David reconoció su culpa.

14. **culpa**   *fault, blame*   Con lágrimas en los ojos, David reconoció su culpa.

15. **arrepentirse (ie)**   *to be sorry, to regret*   David se arrepintió sincero.

16. **aplicarse a** (+ infinitivo)   *to dedicate oneself to*   Durante mucho tiempo se aplicó a disparar sobre los otros niños.

17. **milicia**   *army*   Dedicado años después a la milicia, en la Segunda Guerra Mundial, fue ascendido a general.

18. **fusilar**   *to execute by shooting*   Más tarde fue fusilado.

19. **paloma mensajera**   *carrier pigeon*   David dejó escapar una paloma mensajera del enemigo.

¡Vamos a practicar!

Complete las oraciones con la forma adecuada de las palabras o frases de la lista de vocabulario.

1. Ellos no saben nuestra dirección, _____ tenemos que explicarles cómo llegar.

2. Con _____ en los ojos, el niño admitió su _____ y _____.

3. Necesito practicar el _____ para tener una mejor _____.

4. Las madres que tienen niños pequeños no ponen las medicinas _____.

5. Los nazis _____ a muchos judíos en los campos de concentración.

6. Puedo acompañarte hasta la entrada. _____ no puedo ir contigo.

7. ¡No te oí llegar! ¡Qué _____ me has dado!

8. Muchos cuentos para niños comienzan con la frase «_____ ...»

9. Las _____ son unos animales muy inteligentes y han sido importantes en tiempos de guerra.

10. Me gusta ir a esa playa porque la arena es muy fina y no hay muchos

_____.

11. En algunos países los chicos tienen la obligación de servir en _____.

12. Mi maestra de piano no está contenta porque dice que necesito _____ practicar más.

13. Alguien _____ una piedra con una _____ y rompió la ventana.

14. —¿Como _____ la noticia? —Rosa me lo contó todo.

15. Podemos reciclar las _____ de aluminio.

Sobre el autor

Augusto Monterroso nació en 1921 en la ciudad de Guatemala. Ha sido diplomático y profesor. Es conocido por sus cuentos cortos, casi siempre de carácter irónico, especialmente cuando revisa algún aspecto de la sociedad contemporánea o cuando se basa en algún momento de la historia. El cuento seleccionado pertenece al libro La oveja negra y demás fábulas *(1971). En los cuentos de este libro parece querer burlarse del hombre y, en el caso de las fábulas, el animal resulta superior comparado con el hombre.*

Usted sabe más de lo que cree

*Una estrategia importantísima que se usa cuando se lee es la de **adivinar** (guessing) o deducir el significado de las palabras que no se conocen, usando el contexto.*

Cuando usted lee por primera vez un texto, aun en su propia lengua, no siempre sabe el significado de todas las palabras que contiene. Sin embargo, muy pocas veces usa el diccionario para buscarlo: prefiere deducirlo del contexto. Esto es especialmente importante cuando lee algo escrito en una lengua extranjera. Observe la siguiente oración que aparece en el cuento que ha de leer: «... de ahí en adelante la emprendió con todos los que se ponían a su alcance, en especial contra Pardillos, Alondras, Ruiseñores y Jilgueros...» *Usted probablemente no sabe el significado de las palabras subrayadas, pero ¿es éste indispensable para la comprensión del texto? La primera parte de esa oración informaba que* «David descubrió un día que era mucho más divertido ejercer contra los pájaros la habilidad con que Dios lo había dotado.» *Se puede deducir que aquellas cuatro palabras son nombres de pájaros y sirven de ejemplo de la nueva diversión de David. Saber que se trata específicamente de* linnets, larks, nightingales y goldfinches *no da ninguna ayuda adicional para la comprensión de la oración, solamente serviría para su curiosidad. Por esta razón solamente aparecen en el glosario que se encuentra al final del libro. Trate de depender del diccionario lo menos posible y de usar al máximo toda la información que encuentre en el cuento mismo. ¡Es más rápido y estimulante!*

Preguntas de orientación.

Las preguntas siguientes le ayudarán a comprender mejor el cuento.

1. En la Biblia, ¿quién era David? ¿Cuál era el oficio de David de joven? ¿de adulto?

2. ¿Quién era Goliat? ¿Cómo murió?

3. En una batalla, ¿qué importancia tiene una paloma mensajera?

Preguntas de anticipación.

Piense en las preguntas siguientes mientras lee el cuento.

1. ¿Cuál es la actividad favorita común al David del cuento y al David de la Biblia?

2. ¿A quiénes mataba primero el personaje del cuento? ¿Por qué cambió?

3. ¿Qué consecuencias tuvo este cambio en su vida de adulto?

∞∞∞ La honda° de David ∞∞∞

slingshot

Había una vez un niño llamado David N., cuya puntería y habilidad en el manejo de la resortera despertaban tanta envidia° y admiración entre sus amigos de la vecindad y de la escuela, que veían en él—y así lo comentaban entre ellos cuando sus padres no
5   podían escucharlos—un nuevo David.

jealousy

Pasó el tiempo.

Cansado del tedioso tiro al blanco que practicaba disparando sus guijarros contra latas vacías o pedazos de botella, David descubrió un día que era mucho más divertido ejercer° contra los
10   pájaros la habilidad con que Dios lo había dotado,° de modo que de ahí en adelante la emprendió con° todos los que se ponían a su alcance, en especial contra Pardillos, Alondras, Ruiseñores y Jilgueros, cuyos cuerpecitos sangrantes caían suavemente sobre la hierba, con el corazón agitado° aún por el susto y la violencia de la
15   pedrada.°

to use
Dios... God had endowed him
la... he attacked

upset
the blow with the stone

David corría jubiloso hacia ellos y los enterraba cristianamente.

Cuando los padres de David se enteraron de esta costumbre de su buen hijo se alarmaron mucho, le dijeron que qué era aquello,

20 y afearon° su conducta en términos tan ásperos° y convincentes que, con lágrimas en los ojos, él reconoció su culpa, se arrepintió sincero, y durante mucho tiempo se aplicó a disparar exclusivamente sobre los otros niños.

they reproached / harsh

Dedicado años después a la milicia, en la Segunda Guerra

25 Mundial, David fue ascendido° a general y condecorado° con las cruces más altas por matar él solo a treinta y seis hombres, y más tarde degradado° y fusilado por dejar escapar viva una Paloma mensajera del enemigo.

promoted / decorated

demoted

DESPUES DE LEER

¿Qué pasó?

Conteste las preguntas siguientes.

1. ¿Por qué los amigos de David N. sentían envidia y admiración por él?

2. ¿Por qué disparaba David contra los pájaros?

3. ¿Qué hacía David con los pájaros muertos?

4. ¿Qué hicieron sus padres cuando se enteraron?

5. ¿Qué hizo David entonces?

6. ¿Por qué fue David ascendido y condecorado en la Segunda Guerra Mundial?

7. ¿Por qué fue degradado y fusilado?

En otras palabras

A. ¿Recuerda el sinónimo?   Escoja el número correspondiente.

1. honda   _____ ejército

2. vecindad   _____ aburrido

3. tedioso   _____ matar

4. guijarros   _____ barrio

5. enterarse de   _____ saber

6. milicia   _____ piedras

7. fusilar   _____ resortera

B. ¿Recuerda el antónimo? Escoja el número correspondiente.

1. nuevo   _____ lejos

2. tedioso   _____ hipócrita

3. vacío   _____ interesante

4. al alcance   _____ lleno

5. jubiloso   _____ descender

6. áspero   _____ triste

7. sincero   _____ viejo

8. ascender   _____ suave

9. viva   _____ amigo

10. enemigo   _____ muerta

C. ¿Qué palabra falta? Complete las oraciones con la palabra adecuada de la lista siguiente.

aburrido	enemigo	matar	paloma
ascenso	enterrar	milicia	mensajera
disparar	envidia	morir	puntería
divertido	latas	pájaros	resortera
			tiro al blanco

La _____ de David cuando usaba la _____ despertaba la _____ de sus amigos. Primero, David _____ contra las _____ pero pronto se sintió _____. Entonces pensó que era más _____ practicar el _____ contra los _____. Después

que él _____ los pájaros, los _____.

Cuando David entró en la _____ recibió un _____ a

general porque él solo mató a muchos hombres. Pero después _____

fusilado porque le permitió escapar a una _____ del _____.

Parecidas pero diferentes

Complete las oraciones siguientes con las palabras correctas entre paréntesis. Puede consultar el Apéndice A, *Parecidas pero diferentes,* en la página 180, si necesita revisar el significado de las palabras.

1. David (pasaba/gastaba) (el tiempo/la vez/la hora) disparando la resortera.

2. El (dejó/salió/dejó de) matar pájaros porque (un tiempo/una vez/una hora) sus (padres/parientes) se lo prohibieron.

3. Cuando (reanudó/resumió) su diversión, disparaba contra los otros niños.

4. Por esa razón, él casi siempre estaba (solo/sólo/único).

5. En el ejército, David fue condecorado porque él (sólo/solo/único) mató a muchos enemigos, pero fue fusilado porque (dejó/salió/dejó de) escapar una paloma mensajera del enemigo.

Exprese su opinión

Conteste las preguntas siguientes.

1. Explique la relación que hay entre el juego favorito de David y su actuación durante la guerra.

2. ¿Qué ejemplos de ironía encontramos en el cuento?

3. ¿Recuerda algunos juegos de los niños? ¿Cuál era su juego preferido?

4. ¿Cómo eran sus padres con usted cuando usted era niño/niña? ¿Cómo era usted entonces?

5. ¿Recuerda actividades que sus padres le prohibieron alguna vez? ¿Cuáles fueron y por qué lo hicieron?

Tema para crear

Escriba una composición sobre el tema «la violencia en los juegos de los niños».

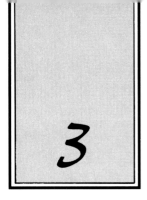

3

Los mejor calzados

Luisa Valenzuela (Argentina)

ANTES DE LEER

Vocabulario para la lectura.

Estudie las palabras y frases siguientes:

1. **mendigo**   *beggar*   En esta ciudad hay muchos mendigos.
2. **sobrar**   *to have more than enough*   A ninguno le faltan zapatos, zapatos sobran.
3. **matorrales (los)**   *thickets*   A veces le quitan el zapato a alguna pierna que se encuentra entre los matorrales.
4. **soler (ue)** (+ infintivo)   *to + verb + usually*   Suelen presentar manchas de sangre.
5. **mancha**   *stain*   Suelen presentar manchas de sangre.
6. **calzar**   *to wear shoes*   Un zapato sólo sirve para calzar a un rengo.
7. **rengo/a**   *lame person*   Un zapato sólo sirve para calzar a un rengo.
8. **a menudo**   *often*   A menudo se encuentra el cadáver completo.
9. **en cambio**   *on the other hand*   En cambio, las ropas no pueden ser utilizadas.
10. **bastar con**   *to suffice*   A ellos les basta con dar unos pocos pasos para que les corten la carrera.
11. **baldío**   *wasteland*   Hemos instalado en un baldío un puestito de canje.
12. **canje (el)**   *exchange*   Hemos instalado en un baldío un puestito de canje.

13. **por fin** *finally* Sólo ganamos dinero cuando por fin hacemos una venta.
14. **familiares (los)** *relatives* Los familiares compran los zapatos.
15. **merodear** *to roam* La policía nos permite merodear por los baldíos.
16. **jactarse de** *to brag, boast about* Esta ciudad se jacta de tener los mendigos mejor calzados del mundo.

¡Vamos a practicar!

Complete las oraciones con la forma adecuada de las palabras o frases de la lista de vocabulario.

1. Para sacar buenas notas no _____ ser inteligente; también es necesario estudiar mucho.
2. Carlos sufrió un accidente que le afectó una pierna y ahora está _____.
3. Tuve que lavar las _____ de la camisa con un detergente especial.
4. Cuando era niño, mi familia visitaba a mis abuelos _____.
5. Los Martínez nunca _____ todo el dinero que tienen.
6. ¡Creo que _____ me graduaré en mayo!
7. El príncipe supo que Cenicienta era la persona que él buscaba porque ella se pudo _____ el zapato de cristal.
8. El gobierno no aceptó el _____ de prisioneros que pedían los terroristas.
9. Cerca de su casa hay un _____ y los animales _____ entre los _____.
10. A la salida de la iglesia había varios _____ que pedían dinero.
11. Me gustan los perros pero a mi hermana, _____, le gustan los gatos.
12. _____ es lo contrario de no tener lo necesario.
13. En el verano iré a visitar a mis _____ que viven en España.
14. En el invierno aquí _____ hacer mucho frío.

Sobre la autora 〰〰〰〰〰〰〰〰〰〰〰〰〰〰〰〰〰〰

Luisa Valenzuela nació en Buenos Aires, Argentina, en 1938. Conocida primero como periodista, ha escrito novelas y varios libros de cuentos. En sus obras es evidente su interés por temas feministas, así como su preocupación por los problemas sociales y políticos del mundo hispánico, especialmente de su país. Ha viajado mucho y ha dado conferencias en diversas universidades norteamericanas y en varios países de Europa y de Hispanoamérica. El cuento que usted va a leer forma parte de Aquí pasan cosas raras *(1975). En este libro Valenzuela presenta situaciones absurdas, que no esconden la crítica social al sistema político, sin dejar de incluir una buena dosis de humor cruel. El cuento seleccionado nos da su comentario sobre los «desaparecidos». Así se les conoce a los miles de personas que desaparecieron, y probablemente murieron, entre los años 1976 y 1983 en Argentina porque estaban en contra del régimen militar. Las madres de estas personas decidieron recordar a las victimas en forma pública y comenzaron a marchar en la céntrica Plaza de Mayo todos los jueves con fotografías de sus familiares. El cine también se ha inspirado en estos acontecimientos. Un ejemplo de esto es la película* La historia oficial*. Recientemente el presidente argentino Carlos Menem perdonó a los militares considerados responsables de las desapariciones y esto ha provocado numerosas protestas y ha vuelto a darle relevancia a las circunstancias aludidas en el cuento seleccionado.*

Usted sabe más de lo que cree

Cuando uno quiere indicar que algo es pequeño, en español se usa **un sufijo diminutivo,** comúnmente -ito, aunque en algunos países prefieren -ico y en otros -illo. Así, *en lugar de decir* una casa pequeña *se dice* una casita. *Sin embargo, no siempre el sufijo diminutivo se refiere al tamaño* (size). *A veces sirve para expresar ciertas emociones, como el cariño* (affection) *que una persona siente hacia algo o la ternura* (endearment) *que algo provoca. En el cuento que leerá a continuación hay varios ejemplos de diminutivos:* completito, puestito, bizcochito, bosquecito. *Búsquelos en la oración a la que pertenecen y decida si todos se refieren al tamaño de los objetos y los lugares o si comunican alguna emoción. ¿Existe alguna relación entre el uso de estos diminutivos y el asunto del cuento?*

Preguntas de orientación.

Las preguntas siguientes le ayudarán a comprender mejor el cuento.

1. ¿Qué características tiene el gobierno de un dictador militar?
2. ¿Cómo viste un mendigo casi siempre?
3. ¿Qué agencias les ofrecen ayuda a las personas necesitadas en una comunidad? ¿De dónde reciben la ayuda que dan?

Preguntas de anticipación.

Piense en las preguntas siguientes mientras lee el cuento.

1. ¿De dónde proceden los zapatos de los mendigos del cuento?
2. ¿Por qué no pueden usar la ropa?
3. Además de los mendigos, ¿qué otras personas usan estos servicios?

∾∾∾ Los mejor calzados ∾∾∾

Invasión de mendigos pero queda un consuelo: a ninguno le faltan zapatos, zapatos sobran. Eso sí,° en ciertas oportunidades hay que quitárselo a alguna pierna descuartizada° que se encuentra entre los matorrales y sólo sirve para calzar a un rengo. Pero esto
5 no ocurre a menudo, en general se encuentra el cadáver completito con los dos zapatos intactos. En cambio las ropas sí están inutilizadas. Suelen presentar orificios de bala y manchas de sangre, o han sido desgarradas° a latigazos,° o la picana° eléctrica les ha dejado unas quemaduras muy feas y difíciles de ocultar. Por
10 eso no contamos con la ropa, pero los zapatos vienen chiche.° Y en general se trata de buenos zapatos que han sufrido poco uso porque a sus propietarios no se les deja llegar demasiado lejos en la vida. Apenas asoman° la cabeza, apenas piensan (y el pensar no deteriora los zapatos) ya está todo cantado y les basta con dar unos pocos
15 pasos para que ellos les tronchen° la carrera.

Es decir que zapatos encontramos, y como no siempre son del número que se necesita, hemos instalado en un baldío del Bajo un puestito de canje. Cobramos muy contados° pesos por el servicio: a un mendigo no se le puede pedir mucho pero sí que contribuya a
20 pagar la yerba mate* y algún bizcochito de grasa. Sólo ganamos dinero de verdad° cuando por fin se logra alguna venta. A veces los familiares de los muertos, enterados vaya uno a saber cómo° de nuestra existencia, se llegan hasta nosotros° para rogarnos que les vendamos los zapatos del finado si es que los tenemos.° Los zapatos
25 son lo único que pueden enterrar, los pobres, porque claro, jamás les permitirán llevarse el cuerpo.

Es realmente lamentable que un buen par de zapatos salga de circulación, pero de algo tenemos que vivir también nosotros y además no podemos negarnos a una obra de bien. El nuestro es
30 un verdadero apostolado y así lo entiende la policía que nunca nos molesta mientras merodeamos por baldíos, zanjones,° descampados,° bosquecitos y demás rincones° donde se puede ocultar algún cadáver. Bien sabe la policía que es gracias a nosotros que esta ciudad puede jactarse de ser la de los mendigos mejor
35 calzados del mundo.

Eso... Of course
cut up

ripped/**a...** using a whip/goad

los zapatos... the shoes are just what was needed

Apenas... As soon as they put out

cut short

few

Sólo... We really make money
vaya... only God knows how
se... come round to us
si... if we happen to have them

large ditches
open fields/remote places

***la yerba mate:** Se usa para preparar té; es popular en la región del Río de la Plata (Argentina, Uruguay y Paraguay).

DESPUES DE LEER

¿Qué pasó?

Conteste las preguntas siguientes.

1. ¿Qué pasa cuando sólo se encuentra un zapato?

2. ¿En qué lugares se busca para encontrar zapatos?

3. ¿Cómo son los zapatos casi siempre? ¿Por qué?

4. ¿Qué es el «puestito de canje»?

5. ¿Para qué sirve el dinero que pagan los mendigos por los zapatos?

6. ¿Cuándo se gana dinero?

7. ¿Por qué los familiares de los muertos quieren comprar sus zapatos?

8. ¿Por qué la policía permite la búsqueda de cadáveres?

En otras palabras

A. *Vocabulario especial.* Haga una lista de todas las palabras relacionadas con las ideas de violencia y tortura que aparecen en el cuento.

B. *Definiciones.* Defina con una frase:

1. mendigo

2. descuartizada

3. matorral

4. rengo

5. cadáver

6. canje

7. familiares

8. finado

9. apostolado

10. calzados

C. ¿Qué palabra falta?   Complete las oraciones con la palabra adecuada de la lista siguiente.

a menudo	calzar	ganar	quemada
apostolado	de verdad	jactarse de	ropa
a veces	descampados	mendigos	sangre
balas	desgarrada	merodear	sobrar
baldíos	familiares	policía	zanjones

En esta ciudad, hay unas personas que _____ por los

_____, los _____ y los _____. La _____ se lo

permite. _____ allí encuentran zapatos para _____ a

_____. _____ les venden los zapatos a _____ del

muerto y _____ dinero. Los zapatos _____ pero no pueden

utilizar la _____ porque está _____ o _____ o tiene

manchas de _____ y orificios de _____. Ellos creen que

_____ su trabajo es un _____. La ciudad puede _____

la obra de bien que realiza esta organización.

Parecidas pero diferentes

Complete las oraciones siguientes con las palabras correctas entre paréntesis. Puede consultar el Apéndice A, *Parecidas pero diferentes*, en la página 180, si necesita revisar el significado de las palabras.

1. El (solo/sólo/único) consuelo de los mendigos de esta ciudad es que todos tienen zapatos, aunque en realidad los zapatos son (ajenos/extraños).

2. Cuando alguien muere, hay personas que (tratan de/se tratan de/ prueban) encontrar los cadáveres en los lugares (solos/solitarios/únicos) para (tomar/llevar) los zapatos.

3. Si los zapatos no son del número adecuado, entonces (tienen/tienen que) cambiarlos en el puesto de canje.

4. Allí no (se niegan a/niegan) cambiárselos a nadie.

5. Los familiares de los muertos (preguntan/piden) los zapatos porque quieren enterrarlos.

6. Es buena idea (tratar de/probar/probarse) los zapatos antes de comprarlos.

7. La (policía/póliza) (sabe/conoce) que esto ocurre, pero les (deja/sale/deja de) continuar.

8. No es posible usar la ropa porque tiene rotos, manchas de las (heridas/injurias) o quemaduras que (salieron/dejaron) los instrumentos de tortura.

9. El narrador opina que (se trata de/trata de) una obra de bien, un (real/verdadero) apostolado.

10. Como no tienen problemas con las autoridades, el negocio no va a (dejar/salir de/dejar de) existir.

Exprese su opinión

Conteste las preguntas siguientes.

1. ¿Quiénes cree usted que eran las personas que aparecían muertas en los zanjones?

2. ¿Quién narra el cuento? ¿Cree usted que el narrador está de acuerdo con la situación que narra? ¿Cuál será su propósito entonces?

3. ¿De qué se le acusa al gobierno en el cuento?

4. ¿Por qué dice el narrador que su trabajo es «un verdadero apostolado»?

5. ¿Qué hacen las personas en nuestro país cuando no están de acuerdo con el gobierno?

6. ¿Conoce usted a alguna persona que haya tenido que salir de su país como consecuencia de problemas políticos, sociales o económicos? ¿De dónde es y qué tuvo que hacer para llegar a los Estados Unidos?

Tema para investigar

Vea la película La historia oficial *y use esta información para escribir una composición sobre «los desaparecidos».*

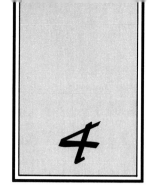

La casa nueva

Silvia Molina (México)

ANTES DE LEER

Vocabulario para la lectura.

Estudie las palabras y frases siguientes:

1. **tela** *fabric*   Todavía no he comprado la tela para mi vestido.
2. **olor (el)** *smell*   La casa tenía olor a nuevo, a fresco.
3. **recámara** *bedroom (México)*   Esta va a ser tu recámara.
4. **apresurarse** *to hurry up*   Apenas abrí una puerta, él se apresuró.
5. **guardar** *to keep, to put away*   «Para que guardes la ropa.»
6. **colgar (ue)** *to hang*   Allí podría colgar mis tres vestidos.
7. **dar(le) ganas (a una persona) de** (+ infinitivo) *to feel like (doing something)*   Me dieron ganas de saltar en la cama.
8. **tina** *bathtub*   En el baño había una tina inmensa.
9. **bigote (el)** *mustache*   Se enrollaba el bigote como cuando estaba nervioso.
10. **planchar** *to iron*   Anduvimos por el cuarto de lavar y planchar.
11. **encerrar (ie)** *to lock up*   Encerré a mi papá para que hiciera sus dibujos.
12. **dibujo** *drawing*   Encerré a mi papá para que hiciera sus dibujos.
13. **mugre (la)** *filth, grime*   Mi mamá no se volverá a quejar de la mugre en que vivimos.
14. **rifa** *raffle*   Iba a ser nuestra cuando se hiciera la rifa.

¡Vamos a practicar!

Complete las oraciones con la forma adecuada de las palabras o frases de la lista de vocabulario.

1. Cuando hace frío a los niños no _____ levantarse temprano.

2. De todas las tareas domésticas, la que menos me gusta es _____.

3. Compré un boleto para una _____ pero no tengo muchas esperanzas porque no tengo suerte.

4. Si quieres llegar a tiempo, debes _____.

5. Después de jugar, Esteban siempre _____ sus juguetes con mucho cuidado.

6. Antes de hacer la pintura voy a hacer un _____.

7. Los García necesitan una casa con tres _____.

8. La policía tuvo que romper la puerta del cuarto porque el ladrón _____ a la señora Medina y se llevó la llave.

9. La madre no le permite al niño jugar en la _____ mientras lo baña.

10. Esas flores tienen un _____ muy penetrante.

11. Me gusta mucho esa _____ porque tiene mis colores favoritos.

12. ¿Ya decidiste dónde vas a _____ el cuadro que te regalaron?

13. ¡Necesitaré tres horas para limpiar toda esta _____!

14. No reconocí a Pedro porque ahora tiene _____.

Sobre la autora

Silvia Molina nació en México, en 1946. Estudió antropología en el Instituto Nacional de Antropología e Historia en México. Estos estudios son evidentes en su segunda novela, Ascensión Tun *(1981), basada en personajes y hechos históricos ocurridos en México en el siglo XIX. Su primera novela,* La mañana debe seguir gris *(1977), donde se combinan la autobiografía y la ficción, había ganado el Premio Villaurrutia. El cuento seleccionado pertenece al libro de cuentos* Lides de estaño *(1984). El personaje principal casi siempre es una mujer, quien evoca momentos de su infancia, su adolescencia o su juventud, con su familia, sus amigos y en la escuela. La brevedad de los cuentos acentúa la intensidad de las experiencias recordadas, pocas veces agradables. La vida casi siempre es cruel, sobre todo para los niños porque no comprenden lo que sucede ni los adultos los comprenden a ellos. La desilusión, la sospecha y la soledad tienen ahí su origen.*

Usted sabe más de lo que cree

A menudo, en una lectura nueva, usted encuentra palabras que no sabe pero, cuando las mira con atención, le recuerdan otras que ha aprendido porque están **relacionadas** *con ellas. Observe las siguientes palabras que aparecen en el próximo cuento:* soñador, anaranjadas, limpieza, vestidor, comedor, ventanal. *Tal vez usted no sabe su significado, pero probablemente puede reconocer en ellas palabras que ha estudiado antes:* soñar/sueño, naranja, limpio, vestir/vestido, comer, ventana. *Búsquelas en la oración a la que pertenecen y trate de descubrir su significado. ¡Como éstas hay muchas más!*

Preguntas de orientación.

Las preguntas siguientes le ayudarán a comprender mejor el cuento.

1. ¿Qué tipo de juegos son la lotería y la rifa?

2. ¿Cómo es una persona a quien llamamos «soñadora»?

3. ¿Qué cosas ocurridas en su niñez recuerda usted hoy? ¿Por qué?

Preguntas de anticipación.

Piense en las preguntas siguientes mientras lee el cuento.

1. ¿Dónde vivía la narradora cuando era pequeña?
2. ¿Qué recuerda ella de «la casa nueva»?
3. ¿Por qué dice la narradora que no cree en la suerte?

∽∽∽∽∽ La casa nueva ∽∽∽∽∽

A Elena Poniatowska

Claro que no creo en la suerte, mamá. Ya está usted como mi papá. No me diga que fue un soñador; era un enfermo—con el perdón de usted. ¿Qué otra cosa? Para mí, la fortuna está ahí o, de plano° no está. Nada de que nos vamos a sacar° la lotería. ¿Cuál

5 lotería? No, mamá. La vida no es ninguna ilusión; es la vida, y se acabo.° Está bueno para los niños que creen en todo: «Te voy a traer la camita», y de tanto esperar, pues se van olvidando. Aunque le diré. A veces, pasa el tiempo y uno se niega a olvidar ciertas promesas; como aquella tarde en que mi papá me llevó a ver la casa

10 nueva de la colonia° Anzures.

El trayecto en el camión°, desde la San Rafael, me pareció diferente, mamá. Como si fuera otro... Me iba fijando en los árboles—se llaman fresnos, insistía él—, en los camellones° repletos° de flores anaranjadas y amarillas—son girasoles y

15 margaritas—decía.

Miles de veces habíamos recorrido° Melchor Ocampo, pero nunca hasta Gutemberg. La amplitud y la limpieza de las calles me gustaban cada vez más. No quería recordar la San Rafael, tan triste y tan vieja: «No está sucia, son los años»—repelaba° usted siempre,

20 mamá. ¿Se acuerda? Tampoco quería pensar en nuestra privada° sin intimidad° y sin agua.

Mi papá se detuvo antes de entrar y me preguntó:

—¿Qué te parece? Un sueño, ¿verdad?

Tenía la reja° blanca, recién pintada. A través de ella vi por

25 primera vez la casa nueva... La cuidaba un hombre uniformado. Se

de... absolutely/ to win

se... that's all

neighborhood
bus (México)

big flowerpots
full

habíamos... we had gone through

complained
dead-end street (México)
privacy

iron work on a window

me hizo tan... igual que cuando usted compra una tela: olor a
nuevo, a fresco, a ganas de sentirla.

Abrí bien los ojos, mamá. El me llevaba de aquí para allá de la
mano. Cuando subimos me dijo: «Esta va a ser tu recámara». Había
30   inflado el pecho y hasta parecía que se le cortaba la voz° de la
emoción. Para mí solita,° pensé. Ya no tendría que dormir con mis
hermanos. Apenas abrí una puerta, él se apresuró: «Para que
guardes la ropa». Y la verdad, la puse allí, muy acomodadita° en
las tablas,° y mis tres vestidos colgados,° y mis tesoros en aquellos
35   cajones.° Me dieron ganas de saltar° en la cama del gusto, pero él
me detuvo y abrió la otra puerta: «Mira, murmuró, un baño». Y yo
me tendí° con el pensamiento en aquella tina inmensa, suelto° mi
cuerpo para que el agua lo arrullara.°

Luego me enseñó su recámara, su baño, su vestidor. Se
40   enrollaba el bigote como cuando estaba ansioso. Y yo, mamá, la
sospeché enlazada° a él en esa camota—no se parecía en nada a la
suya—, en la que harían sus cosas sin que sus hijos escucháramos.
Después, salió usted recién bañada, olorosa a durazno, a manzana,
a limpio. Contenta, mamá, muy contenta de haberlo abrazado a
45   solas, sin la perturbación ni los lloridos de mis hermanos.

Pasamos por el cuarto de las niñas, rosa como sus mejillas y
las camitas gemelas°; y luego, mamá, por el cuarto de los niños que
«ya verás, acá van a poner los cochecitos y los soldados». Anduvimos
por la sala, porque tenía sala; y por el comedor y por la cocina y por
50   el cuarto de lavar y planchar. Me subió hasta la azotea° y me bajó
de prisa porque «tienes que ver el cuarto para mi restirador°». Y lo
encerré ahí para que hiciera sus dibujos sin gritos ni peleas,° sin
niños cállense que su papá está trabajando, que se quema las
pestañas° de dibujante para darnos de comer.

55   No quería irme de allí nunca, mamá. Aun encerrada viviría
feliz. Esperaría a que llegaran ustedes, miraría las paredes lisitas,
me sentaría en los pisos de mosaico, en las alfombras, en la sala
acojinada°; me bañaría en cada uno de los baños; subiría y bajaría
cientos, miles de veces, la escalera de piedra y la de caracol;
60   hornearía° muchos panes para saborearlos° despacito en el
comedor. Allí esperaría la llegada de usted, mamá, la de Anita, de
Rebe, de Gonza, del bebé, y mientras también escribiría una
composición para la escuela: *La casa nueva.*

parecía... it seemed
that his voice
broke
Para... just for me
well arranged
shelves/hanging
drawers/jumping

I stretched down/
relaxed/fondle

tied

twin

flat roof
drawing board
arguments

se... he works hard,
burns the midnight
oil

with lots of cushions

I would bake/to
savour them

En esta casa, mi familia va a ser feliz. Mi mamá no se
65 *volverá a quejar de la mugre en que vivimos. Mi papá no irá a la*
cantina; llegará temprano a dibujar. Yo voy a tener mi cuartito,
mío, para mí solita; y mis hermanos...

No sé qué me dio° por soltarme° de su mano, mamá. Corrí   **qué...** what got into me/to let go
escaleras arriba, a mi recámara, a verla otra vez, a mirar bien los
70 muebles y su gran ventanal; y toqué la cama para estar segura de
que no era una de tantas promesas de mi papá, que allí estaba todo
tan real como yo misma, cuando el hombre uniformado me ordenó:

—Bájate, vamos a cerrar.

Casi ruedo° las escaleras, el corazón se me salía por la boca: **Casi...** I almost tumbled down
75 —¿Cómo que van a cerrar, papá? ¿No es mi recámara?

Ni° con el tiempo he podido olvidar: que iba a ser nuestra   not even
cuando se hiciera la rifa.

DESPUES DE LEER

¿Qué pasó?

Conteste las preguntas siguientes.

1. ¿Quiénes componían la familia de la narradora?

2. ¿Cuál era el trabajo del padre de la narradora?

3. ¿Qué diferencias observaba la narradora mientras iba desde la calle donde estaba su casa hasta la calle donde estaba la casa nueva?

4. ¿Qué cosas de la casa nueva impresionaron a la narradora? ¿Por qué?

5. ¿Pudo ir a vivir allí su familia? ¿Por qué?

En otras palabras

A. Definiciones.   Defina con una frase:

1. promesa

2. colonia

3. reja

4. cantina

5. lotería

6. bigote

B. ¿Recuerda el sinónimo?   Escoja el número correspondiente.

1. rifa   _____ suciedad

2. recámara   _____ autobús

3. camión   _____ suerte

4. repleto   _____ lotería

5. tina   _____ cuarto

6. mugre   _____ bañera

7. fortuna   _____ lleno

C. ¿Qué palabra falta?   Complete las oraciones con la palabra adecuada de la lista siguiente.

dibujos	mugre	rejas
encerrar	promesas	rifa
guardar	quejarse	suerte
muebles	recámara	tina

La narradora recuerda que la casa nueva tenía _____ blancas y que era perfecta para su familia. Era una casa grande y tenía _____ bonitos. Allí no tendría que dormir con sus hermanos porque tendría su _____, un lugar donde _____ la ropa y una _____ donde se bañaría. Su padre también tendría un cuarto donde se _____ para hacer sus _____. Su madre no _____ más de la _____. La narradora recibió una sorpresa desagradable cuando supo que la casa todavía no era de su familia. Primero debían tener _____ y ganársela en una _____. Después de esta experiencia, la narradora no cree en _____.

Parecidas pero diferentes

Complete las oraciones siguientes con las palabras correctas entre paréntesis. Puede consultar el Apéndice A, *Parecidas pero diferentes*, en la página 180, si necesita revisar el significado de las palabras.

1. La narradora recuerda (el tiempo/la vez) que su padre la (tomó/llevó) a ver una casa nueva que (quedaba/se quedaba) en un barrio elegante que ella no (sabía/conocía).

2. Su familia vivía en una calle (anciana/antigua).

3. Su padre tenía (un puesto/una posición) como dibujante y (tenía que/tenía) trabajar mucho para (mantener/soportar) a su familia.

4. La casa nueva (miraba/parecía) un sueño (pero/sino) era (real/verdadera).

5. La narradora (se puso/se hizo) muy contenta porque allí podría estar (sola/solitaria) en su cuarto.

6. (Desde que/Porque/Como) tenía muchos hermanos, la casa nueva era ideal.

7. La niña creía que su familia iba a (moverse/mudarse) allí inmediatamente.

8. Ella deseaba (quedar/quedarse) allí para siempre.

9. Cuando el hombre que cuidaba la casa le (pidió/preguntó) que (saliera/dejara), la niña (realizó/se dio cuenta de) que había algo (extraño/extranjero).

10. Ella no (sabía/conocía) que la casa no era de su papá todavía.

11. Cuando ella le (pidió/preguntó), él le dijo que tenían que ganársela en una rifa.

12. (Este recuerdo/Esta memoria) de su niñez tiene consecuencias en su vida de adulta.

Exprese su opinión

Conteste las preguntas siguientes.

1. ¿Alguna vez ha participado usted en algún juego como la lotería o la rifa? ¿Por qué?

2. ¿Qué opinión tiene la narradora sobre su padre? ¿Qué opina usted sobre esto? ¿Qué opina usted sobre las personas que prometen cosas que saben que no podrán cumplir?

3. ¿Por qué cree la narradora que los adultos les prometen cosas a los niños? ¿Qué opina usted sobre esto? ¿Cómo era usted cuando era niño/niña?

4. ¿Alguna vez alguien le prometió algo y no cumplió? ¿Qué le había prometido? ¿Sabe usted por qué no se lo cumplió? ¿Cómo se sintió usted cuando esto pasó?

Temas para crear

1. Describa con detalles la casa donde usted pasó su niñez.

2. Describa su casa ideal.

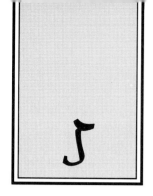

El forastero y el candelabro de plata

Gastón Suárez (Bolivia)

ANTES DE LEER

Vocabulario para la lectura.

Estudie las palabras y frases siguientes:

1. **forastero**   *stranger, outsider*   El acusado era forastero en el pueblo.
2. **salvar**   *to save, to rescue*   Aquel ladrón podía salvarse.
3. **reanudar**   *to resume*   Podía quedar libre y reanudar su camino.
4. **escalofrío**   *shiver*   El hombre sintió un raro aunque ligero escalofrío.
5. **comisario**   *police inspector*   El comisario tenía una voz desagradable.
6. **en contra de**   *against*   Ella estaba allí en contra de sus deseos.
7. **preso**   *prisoner*   La mujer miró al preso con cuidado.
8. **a punto de** (+ infinitivo)   *about to (do something)*   Estaba a punto de terminar su vestido de novia.
9. **brillo**   *sparkle*   Sus ojos no habían perdido el brillo.
10. **perdonar**   *to forgive*   Jesucristo nos manda perdonar.
11. **vergüenza**   *shame, embarrassment*   Casi se había muerto de vergüenza.
12. **odiar**   *to hate*   Odiaba a los hombres.
13. **amargura**   *bitterness*   Allí estaba el causante de su soledad, de su frustración, de su amargura.

14. **aflojarse**   *to slacken*   El preso sintió aflojarse sus músculos.
15. **suspiro**   *sigh*   El preso lanzó un suspiro de alivio.
16. **rezar**   *to pray*   En la noche rezaba el rosario.
17. **al menos**   *at least*   Si al menos le pidiera perdón.
18. **mariposa**   *butterfly*   Las palabras del preso salieron disparadas como mariposas.
19. **polvo**   *dust*   El viento se llevó el polvo.
20. **culpar**   *to blame*   Culpó al viento de la molestia que sentía en los ojos.

¡Vamos a practicar!

Complete las oraciones con la forma adecuada de las palabras o frases de la lista de vocabulario.

1. Las personas en la iglesia _____ con devoción.
2. Después de la lluvia, los campesinos pudieron _____ su trabajo en el campo.
3. En la primavera es frecuente ver las _____ volando alrededor de las flores.
4. El cambio violento en la temperatura me dio un _____.
5. Esteban dio un _____ de alivio cuando vio la nota.
6. Muchos legisladores votaron _____ ese plan.
7. Esa casa tiene _____ cien años.
8. Estaba _____ acostarme cuando sonó el teléfono.
9. La anciana pidió ayuda cuando sintió que las piernas _____.
10. _____ el humo del cigarrillo porque soy alérgico.
11. Tengo que limpiar los muebles pronto porque están cubiertos de _____.
12. Pablo trabaja en la piscina y no ha tenido que _____ a nadie todavía.
13. El _____ no pudo _____ al _____ de haber cometido el crimen porque no encontró suficientes pruebas.
14. Aunque es falso, este diamante tiene el _____ de uno genuino.
15. Ricardo tuvo mucha _____ porque en la tienda no aceptaron su tarjeta de crédito.
16. El _____ llevaba un mapa en la mano y lo estudiaba con cuidado.

17. No es fácil _____ a nuestros enemigos.

18. Cuando recibió la mala noticia, la madre lloró con _____.

Sobre el autor

Gastón Suárez nació en Tupiza, Bolivia, en 1928 y murió en 1984. Abogado de profesión, tuvo ocupaciones muy diversas. Trabajó como periodista, maestro rural, camionero y actor. Como escritor, cultivó el teatro, la novela y el cuento. Es más conocido como cuentista, especialmente por su colección Vigilia para el último viaje (1963). En casi todos los cuentos de este libro, de donde procede el que se incluye en esta antología, se tratan los temas de la injusticia social, la opresión, el engaño y el oportunismo. Sus personajes son gente sencilla, muchas veces marginada, que sufre la soledad y la frustración en silencio.

Usted sabe más de lo que cree

Un aspecto importante que se debe considerar en la lectura es **el tiempo**. Muchas veces la narración está organizada siguiendo un orden cronológico, es decir, empieza con el primero de los acontecimientos y termina con el último. Otras veces la narración empieza con el último de los acontecimientos y regresa al primero para continuar progresando en orden cronológico hasta terminar donde había empezado.

En el cuento que va a leer a continuación se combinan el presente y el pasado durante toda la narración. El regreso al pasado, técnica conocida como **retrospección** (flashback), *no se encuentra concentrado o limitado en un momento del cuento, sino que ocurre con interrupciones frecuentes. Escuchar una palabra o ver un objeto pueden ser suficientes para motivar los recuerdos, de igual modo que, una vez que el personaje está instalado en el pasado, escuchar otra palabra puede hacer que vuelva al presente. El lector conoce dos tiempos:* **el tiempo cronológico,** *lo vivido por los personajes frente a nosotros, y* **el tiempo psicológico,** *lo recordado por los personajes. Según vaya leyendo, subraye la información relacionada con el pasado de los personajes en conflicto y explique lo que motivó el regreso al pasado. Aproximadamente, ¿cuánto cree usted que dura el tiempo cronológico de este cuento? ¿Cuánto dura el tiempo psicológico? En la sección* ¿Cuándo pasó? *podrá organizar los hechos como debieron haber ocurrido en la realidad.*

Preguntas de orientación.

Las preguntas siguientes le ayudarán a comprender mejor el cuento.

1. ¿Qué dificultades puede tener un forastero en un pueblo donde nadie lo conoce si hay algún problema?

2. Por lo general, ¿cómo es el interior de las iglesias católicas?

3. Tradicionalmente, ¿cuál debía ser el objetivo de una mujer?

Preguntas de anticipación.

Piense en las preguntas siguientes mientras lee el cuento.

1. ¿Qué acusación existe contra el forastero?

2. ¿Por qué la policía llama a Zenaida a la oficina del comisario?

3. ¿Ayuda ella al forastero? ¿Por qué?

El forastero y
⌇⌇⌇ el candelabro de plata ⌇⌇⌇

Aquel ladrón podía salvarse. Dependía, únicamente, de lo que ella dijera. Una de las dos palabras: sí o no. Estaba en sus manos.° Con sólo decir sí, aquel hombre, cuya mirada tenía destellos° irónicos y expectantes al mismo tiempo, podía quedar libre y
5   reanudar su camino, irse por donde había venido°... o quién sabe... tal vez... por esos misterios de la vida... ella y él...

—¿Lo conoce usted?

Sintió un raro aunque ligero escalofrío. Le pareció que la voz cascada,° desagradable del comisario, estaba de acuerdo con° la
10 pobreza de la habitación: apenas la mesa y la silla y en una de las paredes de revoque agrietado,° lo único llamativo:° un almanaque pasado° que mostraba la figura, en colores, de una mujer semidesnuda. Una mujer joven y hermosa, de muslos bien torneados y senos altaneros. La mirada del comisario, del preso y
15 de los agentes que lo sujetaban, aumentó súbitamente su angustia. Tuvo deseos de estar lejos, con sus alumnos, paseando por el campo, extasiándose con el azul límpido del cielo. Empero,° ella estaba allí, en contra de su voluntad,° para decidir sobre el destino de aquel hombre que ahora, le sonreía, con un extraño rictus° en
20 los labios.

—Disculpe usted, pero dice que son viejos conocidos... que puede garantizar por él...°

Sí, eran viejos conocidos. Su nariz filuda° marcó la dirección de su rostro. Miró la figura del almanaque. Ella había sido así,
25 joven, bonita, llena de ilusiones. Hacía muchos años, era verdad. Pero ella era así. Aunque un poquitín más delgada. Sus ojos se achicaron al dirigirlos° al preso. Este era el que la había sumido° en el mundo en el que ahora vivía. Solitaria solterona que volcaba° todo su amor maternal en los niños de su escuela. Este era el hombre que
30 había hecho subir el rubor° a sus mejillas y le había arrancado las palabras que guardaba como un gran tesoro. ¡Sí, te amo! ¡Acepto ser tu esposa! Este era aquel que la dejó con los crespos° hechos y el vestido de novia a punto de terminar.

—Se perdió el candelabro de plata de la capilla... y él es
35 forastero en el pueblo... pero, si usted lo conoce...

Sí, claro que lo conocía. Y tanto.° Había encerrado sus

sentimientos en una fortaleza y nunca más, ningún hombre logró hacerla sonrojar. Y allí estaba ahora el causante de su misantropía, de su miedo. ¡Pobre, parecía haber caminado mucho! Jesucristo
40 nos manda perdonar. Estaba tan viejo. Pero sus ojos no habían perdido el brillo y sus labios, ahora recordaba bien tenían el mismo rictus. Sí, lo conocía y con sólo decirlo en voz alta, podía salvarlo.

—Si no confiesa, nosotros tenemos nuestro modito... y hacemos hablar hasta a los mudos...

45   Jesucristo nos manda perdonar. Miró el almanaque. Ella era así, joven, bonita, llena de ilusiones. Había soñado tener su casita, sus tres hijos, su jardincito... Jesucristo nos manda perdonar... Pero, cuánto había sufrido allí, en su pueblo natal.° Todos se habían reído de ella. Casi se había muerto de vergüenza. Tuvo que aceptar
50 el puesto de profesora rural. Amaba a los niños. Odiaba a los hombres. Allí estaba el causante de su soledad, de su frustración, de su amargura. Pero, podía salvarlo. Jesucristo nos manda perdonar...

—Sí...

55   El preso sintió aflojarse sus músculos y lanzó un suspiro de alivio. Los agentes de rostro mongólico abrieron las tenazas de sus manos dejando libres los brazos del forastero.

—En ese caso...

Jesucristo nos manda perdonar. Pero cuánto había sufrido.
60 Ya no tenía lágrimas. Su única diversión eran los niños de la escuela, durante el día. En la noche rezaba el rosario y hacía flores de papel que vendía a los campesinos de la región. Allí estaba el que la condenó a esa clase de vida, en la que todos los días, grises, color ceniza,° la dejaban medrosa,° melancólica, poblada la mente de
65 pensamientos sombríos, dilacerantes.° Allí estaba el ladrón de sus ilusiones, de su felicidad soñada... Si al menos se arrepintiera y le pidiera que le perdonara y le dijera que es tiempo todavía... si al menos... Pero, no, ya todo es tarde. Miró a la mujer semidesnuda. Ella había sido así. Ahora... ahora él estaba viejo, cansado de tanto
70 caminar, pero con el mismo brillo en los ojos y el mismo rictus en los labios...

—Si lo conoce...

—¡Sí, lo conozco! ¡Es un ladrón!

Las tenazas de las manos de los agentes se volvieron a cerrar°
75 con fuerza en las muñecas y brazos del preso. Una brisa fría rondó por el cuarto de revoque agrietado y movió el almanaque.

pueblo... hometown

ash/frightened
harmful

se... closed again

El comisario y los agentes esbozaron una extraña sonrisa.

—¡Zenaida! ¡Perdóname! ¡He venido a pedirte que seas mi esposa!

80   Las palabras del preso salieron disparadas como livianas mariposas que se fueron a estrellar en su nuca° y el polvo dorado de sus alas se lo llevó° el viento.

Ya era tarde.

Camino a su escuela, también culpó al viento de la molestia
85 que sentía en los ojos. No eran lágrimas. No, no. Era el viento. En los muchos años que llevaba en aquellas regiones, el viento le producía un dolor en el corazón y le irritaba los ojos. No eran lágrimas. Si ella nunca lloraba. Era el viento… el viento…

nape

se… was carried away by

DESPUES DE LEER

¿Qué pasó?

Conteste las preguntas siguientes.

1. ¿Cómo era la oficina del comisario? ¿Qué había allí?

2. ¿Qué relación existió entre la mujer y el acusado?

3. ¿Qué hizo la mujer cuando él la abandonó?

4. ¿Cuál fue la reacción de la gente del pueblo?

5. ¿Cuáles eran las actividades de la mujer?

6. ¿Cómo reacciona el hombre después de que Zenaida lo identifica?

¿Cuándo pasó?

Enumere las acciones siguientes en orden cronológico, como debieron haber ocurrido en la realidad.

_____ Zenaida reconoce al forastero porque había sido su novio.

_____ El candelabro de plata se perdió.

_____ El comisario le pregunta a Zenaida si conoce al forastero.

_____ Zenaida era una maestra rural.

_____ Zenaida va a la oficina del comisario.

_____ El forastero le pide perdón a Zenaida pero ella no lo escucha.

_____ Zenaida nunca se casó porque el novio la abandonó.

_____ La policía sospecha del forastero.

_____ Zenaida dice que sabe que el forastero es un ladrón.

_____ El forastero dice que Zenaida lo conoce.

En otras palabras

A. ¿Recuerda el sinónimo?   Escoja el número correspondiente.

1. habitación   _____ cara

2. almanaque   _____ temor

3. rostro   _____ brillo

4. alumno   _____ trabajo

5. destello   _____ cuarto

6. miedo   _____ calendario

7. puesto   _____ estudiante

B. ¿Recuerda el antónimo?   Escoja el número correspondiente.

1. salvarse   _____ vestida

2. vender   _____ cerrar

3. pobreza   _____ baja

4. tarde   _____ cerca

5. amar   _____ gorda

6. lejos   _____ riqueza

7. desnuda   _____ odiar

8. delgada   _____ tristeza

9. terminar   _____ temprano

10. alta   _____ empezar

11. felicidad   _____ comprar

12. abrir   _____ condenarse

C. ¿Qué palabra falta?   Complete las oraciones con la palabra adecuada de la lista siguiente.

aflojarse	capilla	ladrón	salvar
al menos	comisario	odiar	suspiro
a punto de	escalofrío	perdonar	vergüenza
candelabro	forastero		

El _____ llamó a Zenaida a su oficina porque quería que identificara a un _____. Este decía que en el pueblo _____ ella lo conocía. La policía sospechaba que él era el _____ de un _____ de la _____. Cuando Zenaida lo vio sintió _____ porque él la había abandonado cuando estaban _____ casarse. Ella sabía que lo debía _____ pero lo _____ porque no podía olvidar la _____ que le causó entonces. El forastero dio un _____ cuando ella dijo que lo conocía. Sus músculos tensos _____ porque creyó que Zenaida lo iba a _____, pero ella no lo ayudó.

Parecidas pero diferentes

Complete las oraciones siguientes con las palabras correctas entre paréntesis. Puede consultar el Apéndice A, *Parecidas pero diferentes*, en la página 180, si necesita revisar el significado de las palabras.

1. El comisario le (preguntó/pidió) a Zenaida si ella (sabía/conocía) al (forastero/extraño).

2. En la iglesia (faltaba/perdía) el candelabro y el hombre (se parecía/parecía) ser el responsable.

3. Aunque él estaba (antiguo/viejo), ella pudo identificarlo: él era la (persona misma/misma persona) a quien ella (una vez/un tiempo) había amado.

4. Ella recordó sus (sentimientos/sentidos) cuando él la abandonó.

5. Ella (soñaba/dormía) con tener una casa, tres hijos y un jardín, pero después que él la (dejó/salió), ella aceptó (un puesto/una posición) de profesora rural y vivía (sola/única).

6. Cuando ella comenzó a identificar al hombre, él (se sintió/sintió) (libre/gratis).

7. Pensó que podría (resumir/reanudar) su camino sin problemas.

8. En realidad ella no lo ayudó porque (sólo/único) confirmó que él era un ladrón.

Exprese su opinión

Conteste las preguntas siguientes.

1. ¿Por qué cree usted que Zenaida no se casó nunca? ¿Hizo lo correcto? Explique su respuesta.

2. ¿Cree usted que el forastero robó el candelabro? Explique su respuesta.

3. ¿Cómo será la vida de Zenaida después de su reencuentro con el hombre que la abandonó?

4. ¿Cree usted que el forastero es sincero cuando le pide perdón a Zenaida? Explique su respuesta.

5. ¿Cuál es el conflicto que hay en la mente de Zenaida? Al final, ¿qué triunfa? ¿Por qué? ¿Qué habría hecho usted?

Tema para crear

¿Por qué el forastero causó la infelicidad de Zenaida? ¿Es todavía hoy día el matrimonio la única forma que tiene una mujer para lograr la felicidad y el respeto en la sociedad? Escriba una composición para explicar su respuesta.

Carta a un psiquiatra

Juan O. Díaz Lewis (Panamá)

ANTES DE LEER

Vocabulario para la lectura.

Estudie las palabras y frases siguientes:

1. **locura**   *insanity*   Le temo a la locura.
2. **de otra manera**   *otherwise*   Esta carta debe ser ordenada, de otra manera no tendría objeto.
3. **estremecer (estremezco)**   *to shake*   El estómago se me estremece.
4. **señalar**   *to point to, to show*   El loco señaló a los dueños de las voces que oía pero no logré verlos.
5. **lograr** (+infinitivo)   *to succeed in, manage to*   El loco señaló a los dueños de las voces que oía pero no logré verlos.
6. **dolencia**   *ailment*   Puede que una persona no conozca el nombre de su dolencia.
7. **nube (la)**   *cloud*   Mis noches están llenas de aire, sin nubes.
8. **en voz alta**   *aloud*   Todos hablaban en voz alta.
9. **sonido**   *sound*   Eran sonidos sin relación alguna entre unos y otros.
10. **sudor (el)**   *sweat*   El sudor me cubrió.
11. **huir (huyo)**   *to flee*   He pensado huir.
12. **librarse**   *to free oneself*   Sólo puedo librarme acabando conmigo mismo.
13. **arma (f.** but **el/un arma)**   *weapon*   El acero de un arma es muy frío.

14. **de pronto**   *suddenly*   De pronto, todos se pusieron en pie y corrieron a la casa.

15. **ponerse en/de pie**   *to stand up*   De pronto, todos se pusieron en pie y corrieron a la casa.

16. **sollozo**   *sob*   Gritos, sollozos y exclamaciones poblaron el cuarto.

17. **acudir**   *to come, to be present*   Los vecinos todos acudieron.

18. **interrogatorio**   *interrogation*   El magistrado inició el interrogatorio.

¡Vamos a practicar!

Complete las oraciones con la forma adecuada de las palabras o frases de la lista de vocabulario.

1. Los médicos no pueden determinar cuál es el origen de su _____.

2. Es un profesor muy famoso y muchas personas _____ a escuchar su conferencia.

3. Varios países buscan la forma de eliminar las _____ nucleares.

4. El cielo está precioso hoy: hay pocas _____ y el sol está muy brillante.

5. Rodrigo trabajó mucho y por fin _____ obtener el empleo que quería.

6. Tendrás que terminar la tarea porque _____ no te dará permiso para salir esta noche.

7. Necesito mejorar mi pronunciación y por eso siempre leo los ejercicios _____.

8. Todos los candidatos se ponen nerviosos durante el _____.

9. Durante la tormenta la violencia del viento _____ los árboles.

10. Todas las personas _____ para cantar el himno nacional.

11. Pienso que podré _____ del examen final porque tengo buenas notas.

12. Gastar tanto dinero en algo innecesario es una _____.

13. Dijo que no quería venir con nosotros, pero _____ cambió de opinión.

14. Cuando escuchó el _____ de la alarma, el ladrón _____.

15. Hacía mucho calor y podía sentir las gotas de _____ en mi espalda.

16. La persona que vio el accidente _____ al responsable.

17. Los _____ del bebé despertaron a los padres.

Sobre el autor

Juan O. Díaz Lewis nació en la ciudad de Panamá en 1916. Su familia pertenecía a la clase dominante del país. Estudió en varias universidades norteamericanas y obtuvo el título de abogado en la Universidad de Michigan. En su país ha trabajado como profesor de inglés y como abogado. Por un tiempo vivió en París mientras trabajaba para la UNESCO. Ha escrito obras de teatro, pero es mejor conocido como cuentista. Algunos de sus cuentos están recogidos en el libro Viernes Santo Bautista y otros cuentos *(1946).*

Usted sabe más de lo que cree

*El cuento que leerá a continuación tiene tres partes claramente identificadas. La primera de ellas, la carta mencionada en el título, es la más extensa y está trabajada a base de un recurso muy frecuente: **la repetición.** Su autor repite las ideas constantemente usando sinónimos, expresiones que tienen más o menos el mismo significado y ejemplos. Ha tomado una decisión y necesita convencer a su lector de que es la decisión correcta. Por medio de la repetición con variaciones su exposición no resulta monótona, al mismo tiempo que transmite su estado de preocupación obsesiva. Por esas razones, y como usted va a ser ahora el lector, es necesario que usted reconozca el empleo de este procedimiento. Lea*

> *el cuento y subraye todas las formas de repetición que encuentre para referirse a lo siguiente:* carta, loco, miedo, sentir, locura, pensar. *Recuerde que no siempre la repetición es de una palabra; también encontrará frases y ejemplos.*

Preguntas de orientación.

Las preguntas siguientes le ayudarán a comprender mejor el cuento.

1. ¿Cuál es el trabajo de un psiquiatra?
2. ¿Qué es una alucinación?
3. ¿Es hereditaria la locura?

Preguntas de anticipación.

Piense en las preguntas siguientes mientras lee el cuento.

1. ¿A qué le teme el hombre que le escribe al psiquiatra?
2. ¿Qué ha decidido hacer para evitarlo?
3. ¿Cuándo cumple su promesa?

∞∞∞ *Carta a un psiquiatra* ∞∞∞

Estimado doctor:

Hoy tuve mi primera alucinación. Debe ser la última. No puedo permitir que se repita. Usted se preguntará a qué se debe esta carta; pero es que no se la puedo dirigir a ninguna otra

5 persona; mi familia no la entendería y mis amigos dirían que trato de autodramatizarme. Unicamente usted, psiquiatra a quien no conozco, puede recibir y leer una misiva° de esta naturaleza.   letter

Dije que hoy sufrí o—como dirían ustedes—experimenté mi primera alucinación. Sin embargo, pienso: si sé lo que es, ya deja

10 de serlo. En verdad esta circunstancia me aterra.° La he sentido,   **me...** terrifies me
y ahora tiemblo al recordarla. Mas esto no le quita ni un ápice°   **un...** a bit
de su calidad de alucinación.

Le temo a la locura. ¿No ve? Ya lo dije. Los dos párrafos
anteriores me han servido para darle la vuelta° a esta decla-
15 ración. Pero esta carta debe ser ordenada, de otra manera no
tendría objeto. ¿Cómo describirle mis sentimientos al pensar en
eso que llamamos «locura»? El estómago se me estremece, las
piernas desaparecen, muevo la cabeza de un lado para otro y la
lengua repite: no, no.

20   Una vez vi un loco. No lo he podido olvidar. Me habló sin
dirigirse a mí, yo no estaba allí, conversaba consigo mismo. El
loco mencionó unas voces que oía, y aunque señaló a los dueños,
no logré verlos. Esa noche no pude dormir. Acostado quise
conjurar° a los interlocutores del pobre hombre. No era posible
25 que alguien oyese voces de personas que no existían.

        Desde entonces he visto otros locos que oían otras voces o
escuchaban el mismo error. Créame, no les tenía miedo a ellos,
pobres locos; me horrorizaba la enfermedad. O mejor, sentí
temor al darme cuenta de que no sabían que estaban enfermos.
30 El que sufre de cáncer o de tuberculosis o de cualquier otra cosa,
puede que no conozca el nombre de su dolencia, pero se siente
enfermo. El insano no sabe, no puede saberlo.

        Era yo muy joven cuando todo esto. Esa misma juventud me
ayudó a tomar una determinación: el día que sospechara que me
35 estaba arrebatando,° me mataría. Pero, dirá usted, ¿por qué esta
preocupación con la locura? Ya lo sé. La incidencia de locos en
una sociedad como la nuestra es muy pequeña. Sin embargo,
tanto en mi familia materna como en la paterna los ha habido.
Un hermano de mi madre es uno de los pacientes más antiguos
40 del Retiro. Mi hermana mayor perdió la razón hace algunos
años. Es una tara° de la cual no me puedo substraer.°

        De un tiempo a esta parte° no había pensado en mi locura.
Mi trabajo me satisface completamente; me gusta hacerlo y gozo
en él. Soy feliz con mi familia. Este cariño y esa satisfacción
45 echaron a un lado° a mi tormento favorito. No me quedaba
tiempo para cavilar.° Desde hace un año no sueño. Mis noches
están llenas de aire, sin nubes. Cierro los ojos y todo es azul.

        Hoy conversaba con un grupo de amigos en el jardín de mi
casa. No puedo precisar el tema. Sé que todos, excitadísimos,

to go around

to exorcise

que... that I was going crazy

defect/evade
De... For sometime now

echaron... cast aside
to ponder

50 hablaban en voz alta; creo que gritaban. Me dolía la cabeza,
todavía me duele. Escuchaba por no entrar en la discusión. Como
quien apaga° un radio, las voces murieron y se me llenó la   turns off
cabeza de acordes de órgano. Eran terribles. Todos en tonos
menores, lamentos y martillazos.° No como las músicas de las   blows with a hammer
55 películas de locos, que suenan ahuecadas.° Los acordes no   hollow
formaban melodías. Eran sonidos aislados° sin relación alguna   isolated
entre unos y otros.

　　　Volví a ver a mis compañeros. La discusión proseguía. El
sudor me cubrió. Casi sin voz, intenté hablar. No me oyeron.
60 Prendido de los brazos de la silla hice un esfuerzo. Pregunté si no
habían oído. Me miraron y tornaron a su tema. Nadie sintió el
órgano.

　　　Una vez más se abrieron las compuertas.° Nadé en los   floodgates
acordes. Se me derramaron° de la cabeza y me corrieron por el   spilled out
65 cuerpo. Esta vez le ordené a mi voz que me ayudara. Pregunté en
voz alta si habían escuchado. Siete cabezas abanicaron la noche.°   **Siete...** Seven people
Nadie sintió más que° las voces de los otros. ¿Por qué, me   fanned the night. =
dijeron, insistía en escuchar cosas que nadie más oía?   Seven people
                                                                    denied having
                                                                    heard anything.
                                                                    más... just

　　　Las uñas se me metieron en las palmas de las manos. Mis
70 oídos se convirtieron en receptores de músicas perdidas. No
había duda, sólo yo escuché los acordes inaudibles del órgano que
no era. Cual° una serpiente viscosa° se me acercaba la locura. Los Just as/sticky
dejé a su discusión y me arrastré° hasta aquí. He pensado huir.   **me...** I dragged
¿Adónde puedo ir que no me alcance?° En la pared vi escrita mi   myself
75 determinación de otros años. Sólo puedo librarme acabando   **que...** that it does not
conmigo mismo. Es mi único escape. La próxima vez no sabría   overtake me
que las músicas no tienen punto de partida.° No podría resistir   **punto...** starting point
las voces de personas que nadie ve.

　　　Acabo de sacar de mi guardarropa la pistola. La he puesto a
80 mi lado. Cuando escribo muy ligero, la siento que me hiela el
brazo. El acero° de un arma es muy frío. Es mucho más frío que   steel
cualquier otro. Todo está preparado. Ahora me siento tranquilo.
La pistola la mudé a la otra esquina° del escritorio. Así la puedo corner
ver sin mover la cabeza. Una vez muerto me agradaría resucitar
85 sólo un instante para escuchar su dictamen.° Sé lo que diría, y   opinion, judgment

esto me consuela. En verdad estoy tan seguro de que ya no me interesa resucitar. No queda otro camino, lo sé bien.

Médico sin rostro, puede hablar de mi caso con sus colegas. ¡Qué vanidad la mía! Locos como yo no deben ser nada nuevo
90 para usted. Es, sin embargo, un pensamiento agradable. No puedo pedir menos. Creerme el único que supo cuándo se volvió loco. Debo irme ya, sospecho que volverán las músicas, o peor aún, las voces. Adiós.

                                                        M. H.

95 Dos disparos partieron la noche. Los que hablaban se quedaron mudos. Ninguno quiso levantarse el primero. De pronto, todos se pusieron en pie y corrieron a la casa. En el estudio, la cabeza sobre el escritorio, y los sesos regados por el secante, yacía.° Una mano sostenía la carta. Gritos, sollozos y exclamaciones poblaron° el
100 cuarto. La esposa, echada° en el suelo, intentaba revivir al muerto besándole la otra mano.

Una hora después llegó el juez. La casa estaba llena de gente. Los vecinos todos acudieron. Cada cual quería ayudar en algo. El magistrado inició el interrogatorio. Unos y otros contestaron. Nadie
105 sabía ni el motivo ni la hora del hecho. Le tocó el turno a un señor pálido:°

—Usted, caballero, ¿a qué hora oyó el tiro?

—No lo oí, señor. Vivo enfrente, pero estaba probando un órgano que compré hoy. No pude escuchar nada.

la... the head was lying down and the brains were scattered over the blotter/filled/lying

Le... It was a pale gentleman's turn.

DESPUES DE LEER

¿Qué pasó?
Conteste las preguntas siguientes.

1. ¿Cuándo tuvo el hombre la alucinación?

2. ¿En qué consistió?

3. ¿Por qué le teme a la locura?

4. ¿Cómo acaba el hombre con su vida?

5. ¿Por qué «el señor pálido» no oyó los disparos?

En otras palabras

A. ¿Recuerda el sinónimo? Escoja el número correspondiente.

1. misiva	＿＿＿ meditar
2. aterrar	＿＿＿ biblioteca
3. dolencia	＿＿＿ venir
4. insano	＿＿＿ disparo
5. tiro	＿＿＿ revólver
6. perder la razón	＿＿＿ carta
7. cavilar	＿＿＿ dar miedo
8. determinación	＿＿＿ arrebatarse
9. pistola	＿＿＿ juez
10. magistrado	＿＿＿ decisión
11. estudio	＿＿＿ enfermedad
12. acudir	＿＿＿ preguntas
13. interrogatorio	＿＿＿ loco

B. ¿Qué palabra falta? Complete las oraciones con la palabra adecuada de la lista siguiente.

arrebatado	estudio	librarse	órgano
aterrarle	guardarropa	locura	sonidos
carta	huir	melodía	tara
doler	jardín		

Un hombre escribe una ＿＿＿＿＿＿ poco antes de suicidarse. El creía que la ＿＿＿＿＿＿ era una ＿＿＿＿＿＿ hereditaria. La idea de volverse loco ＿＿＿＿＿＿. Piensa que la única forma de ＿＿＿＿＿＿ de la enfermedad es la muerte. Un día sale al ＿＿＿＿＿＿ donde están unos vecinos y escucha unos ＿＿＿＿＿＿ producidos por un ＿＿＿＿＿＿ pero que no forman una _____. Le _____ la cabeza y quiere _____. Está

seguro de que está _____. Va a su _____ y busca la pistola que

tiene en su _____.

Parecidas pero diferentes

Complete las oraciones siguientes con las palabras correctas entre paréntesis. Puede consultar el Apéndice A, *Parecidas pero diferentes*, en la página 180, si necesita revisar el significado de las palabras.

1. El personaje escribe una (carta/letra) para explicar sus (sentidos/sentimientos) porque tiene miedo de (convertirse en/volverse) loco.

2. El (conocía/sabía) a varios locos y había decidido que no (soportaría/apoyaría) la locura.

3. Un día, mientras unos vecinos hablaban en voz alta en el jardín porque tenían (un argumento/una discusión), él (sintió/se sintió) los acordes de un órgano.

4. El (pidió/preguntó) a los vecinos si los habían oído también pero ellos dijeron que no.

5. El fue el (solo/sólo/único) que oyó el sonido del órgano.

6. Inmediatamente (salió/dejó) a los vecinos en el jardín y (volvió/devolvió) a su casa porque no (se sentía/sentía) (tranquilo/callado).

7. Decidió no (gastar/perder) más (hora/vez/tiempo) y (darse cuenta de/realizar) su promesa: (tomarse/quitarse) la vida si sospechaba que (dejaba de/salía/dejaba) estar (sano/cuerdo).

8. Los vecinos (salieron/dejaron/dejaron de) hablar cuando oyeron los disparos.

9. Cuando el juez llegó, el muerto (apoyaba/sostenía) la carta en una mano.

10. El juez les (pidió/preguntó/hizo) muchas preguntas a todos.

11. Uno de los vecinos no (se había dado cuenta de/había realizado) nada porque estaba (probando/probándose/tratando) un órgano nuevo esa tarde.

Exprese su opinión

Conteste las preguntas siguientes.

1. ¿Cree usted que el suicidio o el homicidio estén justificados alguna vez? ¿Por qué?

2. ¿Qué opina usted sobre la conducta del hombre que le escribe al psiquiatra?

3. ¿Cómo cree usted que son las relaciones de este hombre con su familia y sus amigos?

4. ¿Cree usted que el hombre se está volviendo loco? ¿Cuál es la razón?

5. ¿Por qué cree usted que el narrador de la última parte sólo incluye las palabras de uno de los vecinos? ¿Qué consecuencias pueden tener en la investigación que realiza el juez?

Tema para crear

Imagine que usted es un periodista que llega a la casa del hombre que se ha suicidado para investigar lo que ha sucedido porque tiene que dar la información en el periódico al día siguiente. Use toda la información que tiene y escriba la noticia.

7

Espuma y nada más

Hernando Téllez (Colombia)

ANTES DE LEER

Vocabulario para la lectura.

Estudie las palabras y frases siguientes:

1. **espuma** *lather, foam* Pronto subió la espuma.
2. **saludar** *to greet, to say hello* No saludó al entrar.
3. **navaja** *razor, blade* Es la mejor de mis navajas.
4. **temblar (ie)** *to shake* Cuando lo reconocí me puse a temblar.
5. **tibio/a** *lukewarm* Mezclé un poco de agua tibia y con la brocha empecé a revolver.
6. **esmero** *care* Tendría que afeitar esa barba con cuidado, con esmero.
7. **brotar** *to spring, bud, gush out* Tendría que afeitar esa barba cuidando de que ni por un solo poro fuese a brotar una gota de sangre.
8. **piel (la)** *skin* Se pasó la mano por la piel y la sintió fresca y nuevecita.
9. **orgulloso/a** *proud* El barbero se sentía orgulloso de su oficio.
10. **espejo** *mirror* Por el espejo, miré hacia la calle.
11. **víveres (los)** *groceries* Vi la tienda de víveres y en ella dos o tres compradores.
12. **quedarle bien** *to look good on someone* Debía dejarse crecer una barba porque le quedaría bien.

13. **barbilla**   *chin*   Un poco más de jabón, bajo la barbilla.
14. **perseguir** (like **seguir**)   *to chase*   Me perseguirían hasta encontrarme.
15. **degollar (ue)**   *to behead*   Lo degolló mientras le afeitaba la barba.
16. **cobardía**   *cowardice*   Todos dirían que fue una cobardía.
17. **verdugo**   *executioner*   Usted es verdugo y yo no soy más que un barbero.
18. **incorporarse**   *to sit up*   El hombre se incorporó para mirarse en el espejo.
19. **comprobar (ue)**   *to confirm*   Vine para comprobarlo.

¡Vamos a practicar!

Complete las oraciones con la forma adecuada de las palabras o frases de la lista de vocabulario.

1. Sus padres están muy _____ de él porque saca buenas notas en todas las clases.

2. Mi perro siempre _____ al gato de mi vecino.

3. Puedes llamarlo si desea _____ la información.

4. Cuando el niño vio al médico, empezó a _____.

5. En la primavera las hojas empiezan a _____ gradualmente.

6. Durante la Revolución Francesa los revolucionarios _____ a muchos aristócratas.

7. Marta tiene muchos clientes porque los atiende con _____.

8. _____ a todos los invitados aunque no conocía a algunos.

9. Raúl se cayó cuando iba corriendo y se dio un golpe en la _____.

10. Mi padre todavía prepara _____ con jabón y usa una _____ para afeitarse la barba en lugar de usar una máquina.

11. Cuando anuncian una tormenta, algunas personas corren a la tienda y compran _____ en exceso.

12. El bebé se sorprendió cuando vio su imagen reflejada en el _____.

13. Pedro piensa que la acusación de Félix fue un acto de _____.

14. Como consecuencia del accidente le resulta difícil _____ después de estar sentado por mucho tiempo.

15. Tomar el sol sin protección es peligroso para la _____.

16. No me gusta beber agua cuando está _____.

17. El _____ lleva una máscara negra que le cubre la cara.

18. Prefiero el vestido azul porque el azul es un color que _____.

Sobre el autor

Hernando Téllez *nació en Bogotá, Colombia, en 1908 y murió en 1966. Escribió ensayos, artículos periodísticos y un libro de cuentos,* Cenizas para el viento y otras historias *(1950). Participó en la política y ocupó puestos diplomáticos. Un tema sobresaliente de sus cuentos, que es evidente en el cuento seleccionado, es el conflicto interno del hombre. A menudo éste es consecuencia del ambiente político. En 1946 el candidato conservador ganó las elecciones presidenciales, pero los liberales mantuvieron la mayoría en el Congreso. Se inició entonces un período conocido como «la violencia», de guerra civil, asesinatos e inestabilidad política. Este es el trasfondo del cuento seleccionado.*

Usted sabe más de lo que cree

*Un aspecto importante para la comprensión de toda narración es **el narrador,** quién narra el cuento. En el cuento siguiente uno de los dos personajes es el narrador. Toda la información que usted tiene le llega a través de él. Sabe todo lo que él hace, lo que ve, lo que oye, lo que sabe y hasta lo que siente y lo que está pensando. Es como si tuviera el privilegio de entrar en la conciencia de este* *individuo para observarlo todo desde allí, al mismo tiempo que escucha la conversación que él tiene consigo mismo, su* **monólogo interior**. *Puede enterarse de sus pensamientos, sus recuerdos y sus emociones en el momento mismo en que se producen. A veces esta información aparece mezclada, interrumpida, incompleta, no tiene lógica ni obedece las reglas gramaticales. Identifique al narrador del cuento y busque aquellos segmentos de la narración que se refieren a sus acciones y aquellos que se refieren a sus emociones, sus recuerdos y sus pensamientos. ¿Qué información tiene usted que el otro personaje del cuento no tiene?*

Preguntas de orientación.

Las preguntas siguientes le ayudarán a comprender mejor el cuento.

1. ¿Quiénes luchan en una guerra civil?

2. ¿Qué características debe tener un capitán del ejército para ser considerado profesional? ¿y un barbero?

3. ¿Cómo obtienen información los revolucionarios clandestinos?

Preguntas de anticipación.

Piense en las preguntas siguientes mientras lee el cuento.

1. ¿Qué relación existe entre el barbero y el capitán Torres? ¿Tienen las mismas ideas políticas?

2. ¿Cuál es el dilema del barbero mientras afeita al capitán Torres?

3. En realidad, ¿para qué fue el capitán Torres a la barbería?

∽∽∽∽ Espuma y nada más ∽∽∽∽

No saludó al entrar. Yo estaba repasando° sobre una badana° | polishing, stropping/sheepskin
la mejor de mis navajas. Y cuando lo reconocí me puse a temblar.
Pero él no se dio cuenta. Para disimular continué repasando la hoja.
La probé luego contra la yema del dedo° gordo y volví a mirarla, | **yema...** fingertip
5 contra la luz. En ese instante se quitaba el cinturón ribeteado° de | trimmed
balas de donde pendía° la funda de la pistola. Lo colgó de uno de los | was hanging
clavos° del ropero y encima colocó el kepis.° Volvió completamente | nails/military cap
el cuerpo para hablarme y deshaciendo el nudo° de la corbata, me | knot
dijo: «Hace un calor de todos los demonios. Aféiteme.» Y se sentó
10 en la silla. Le calculé cuatro días de barba. Los cuatro días de la
última excursión en busca de los nuestros. El rostro aparecía
quemado, curtido por el sol. Me puse a preparar minuciosamente
el jabón. Corté unas rebanadas° de la pasta, dejándolas caer en el | slices
recipiente, mezclé un poco de agua tibia y con la brocha empecé a
15 revolver. Pronto subió la espuma. «Los muchachos de la tropa
deben tener tanta barba como yo.» Seguí batiendo° la espuma. | whipping
«Pero nos fue bien, ¿sabe? Pescamos° a los principales. Unos vienen | We caught
muertos y otros todavía viven. Pero pronto estarán todos muertos.»
«¿Cuántos cogieron?», pregunté. «Catorce. Tuvimos que in-
20 ternarnos bastante para dar con° ellos. Pero ya la están pagando. | **dar...** to find
Y no se salvará ni uno, ni uno.» Se echó para atrás° en la silla al | **Se...** He leaned back
verme con la brocha en la mano, rebosante de espuma. Faltaba
ponerle la sábana.° Ciertamente yo estaba aturdido.° Extraje del | sheet/stunned
cajón una sábana y la anudé al cuello de mi cliente. El no cesaba de
25 hablar. Suponía que yo era uno de los partidarios del orden. «El
pueblo habrá escarmentado° con lo del otro día», dijo. «Sí», repuse | **El...** the people must have learned a lesson
mientras concluía de hacer el nudo sobre la oscura nuca, olorosa a
sudor. «¿Estuvo bueno, verdad?» «Muy bueno», contesté mientras
regresaba a la brocha. El hombre cerró los ojos con un gesto de
30 fatiga y esperó así la fresca caricia del jabón. Jamás lo había tenido
tan cerca de mí. El día en que ordenó que el pueblo desfilara por el
patio de la Escuela para ver a los cuatro rebeldes allí colgados, me
crucé con él un instante. Pero el espectáculo de los cuerpos
mutilados me impedía fijarme en el rostro del hombre que lo dirigía
35 todo y que ahora iba a tomar en mis manos. No era un rostro
desagradable, ciertamente. Y la barba, envejeciéndolo un poco, no
le caía mal. Se llamaba Torres. El capitán Torres. Un hombre con

imaginación, porque ¿a quién se le había ocurrido antes colgar a
los rebeldes desnudos y luego ensayar sobre determinados sitios del
40 cuerpo una mutilación a bala?» Empecé a extender la primera capa°   layer
de jabón. El seguía con los ojos cerrados. «De buena gana me iría
a dormir un poco», dijo, «pero esta tarde hay mucho que hacer.»
Retiré la brocha y pregunté con aire falsamente desinteresado:
«¿Fusilamiento?» «Algo por el estilo, pero más lento», respondió.
45 «¿Todos?» «No. Unos cuantos apenas.» Reanudé, de nuevo, la tarea
de enjabonar la barba. Otra vez me temblaban las manos. El hombre
no podía darse cuenta de ello y ésa era mi ventaja. Pero yo hubiera
querido que él no viniera. Probablemente muchos de los nuestros
lo habrían visto entrar. Y el enemigo en la casa impone condiciones.
50 Y tendría que afeitar esa barba como cualquiera otra, con cuidado,
con esmero, como la de un buen parroquiano,° cuidando de que ni   regular customer
por un solo poro fuese a brotar una gota de sangre. Cuidando de
que en los pequeños remolinos° no se desviara la hoja. Cuidando   swirls
de que la piel quedara limpia, templada,° pulida,° y de que al pasar   bright/shiny
55 el dorso de mi mano por ella, sintiera la superficie sin un pelo. Sí.
Yo era un revolucionario clandestino, pero era también un barbero
de conciencia, orgulloso de la pulcritud en su oficio. Y esa barba de
cuatro días se prestaba° para una buena faena.°   was suitable/job
Tomé la navaja, levanté en ángulo obtuso las dos cachas,° dejé   **levanté...** I opened the two handles (of the knife) into a wide angle/
60 libre la hoja y empecé la tarea, de una de las patillas° hacia abajo.   sideburns
La hoja respondía a la perfección. El pelo se presentaba indócil y
duro, no muy crecido, pero compacto. La piel iba apareciendo poco
a poco. Sonaba la hoja con su ruido característico, y sobre ella
crecían los grumos° de jabón mezclados con trocitos de pelo. Hice   clusters
65 una pausa para limpiarla, tomé la badana de nuevo y me puse a
asentar el acero, porque yo soy un barbero que hace bien sus cosas.
El hombre, que había mantenido los ojos cerrados, los abrió, sacó
una de las manos por encima de la sábana, se palpó la zona del
rostro que empezaba a quedar libre de jabón, y me dijo: «Venga
70 usted a las seis, esta tarde, a la Escuela.» «¿Lo mismo del otro día?»,
le pregunté horrorizado. «Puede que resulte mejor», respondió.
«¿Qué piensa usted hacer?» «No sé todavía. Pero nos divertiremos.»
Otra vez se echó hacia atrás y cerró los ojos. Yo me acerqué con
la navaja en alto. «¿Piensa castigarlos a todos?», aventuré
75 tímidamente. «A todos.» El jabón se secaba sobre la cara. Debía
apresurarme. Por el espejo, miré hacia la calle. Lo mismo de
siempre: la tienda de víveres y en ella dos o tres compradores. Luego

miré el reloj: las dos y veinte de la tarde. La navaja seguía
descendiendo. Ahora de la otra patilla hacia abajo. Una barba azul,
80 cerrada. Debía dejársela crecer como algunos poetas o como
algunos sacerdotes.° Le quedaría bien. Muchos no lo reconocerían.
Y mejor para él, pensé, mientras trataba de pulir suavemente todo
el sector del cuello. Porque allí sí que debía manejar con habilidad
la hoja, pues el pelo, aunque en agraz,° se enredaba° en pequeños
85 remolinos. Una barba crespa.° Los poros podían abrirse, di-
minutos, y soltar su perla de sangre. Un buen barbero como yo
finca su orgullo° en que eso no ocurra a ningún cliente. Y éste era
un cliente de calidad. ¿A cuántos de los nuestros había ordenado
matar? ¿A cuántos de los nuestros había ordenado que los
90 mutilaran? Mejor no pensarlo. Torres no sabía que yo era su
enemigo. No lo sabía él ni lo sabían los demás. Se trataba de un
secreto entre muy pocos, precisamente para que yo pudiese
informar a los revolucionarios de lo que Torres estaba haciendo en
el pueblo y de lo que proyectaba hacer cada vez que emprendía una
95 excursión para cazar revolucionarios. Iba a ser, pues, muy difícil
explicar que yo lo tuve entre mis manos y lo dejé ir tranquilamente,
vivo y afeitado.

　　La barba le había desaparecido casi completamente. Parecía
más joven, con menos años de los que llevaba a cuestas cuando
100 entró. Y supongo que eso ocurre siempre con los hombres que
entran y salen de las peluquerías. Bajo el golpe de mi navaja Torres
rejuvenecía, sí, porque yo soy un buen barbero, el mejor de este
pueblo, lo digo sin vanidad. Un poco más de jabón, aquí, bajo la
barbilla, sobre la manzana, sobre esta gran vena. ¡Qué calor! Torres
105 debe estar sudando como yo. Pero él no tiene miedo. Es un hombre
sereno, que ni siquiera piensa en lo que ha de hacer esta tarde con
los prisioneros. En cambio yo, con esta navaja entre las manos,
puliendo y cuidando todo golpe, no puedo pensar serenamente.
Maldita° la hora en que vino, porque yo soy un revolucionario pero
110 no soy un asesino. Y tan fácil como resultaría matarlo. Y lo merece.
¿Lo merece? ¡No, qué diablos! Nadie merece que los demás hagan
el sacrificio de convertirse en asesinos. ¿Qué se gana con ello? Pues
nada. Vienen otros y otros y los primeros matan a los segundos y
éstos a los terceros y siguen y siguen hasta que todo es un mar de
115 sangre. Yo podría cortar este cuello, así, ¡zas!, ¡zas! No le daría
tiempo de quejarse y como tiene los ojos cerrados no vería ni el brillo
de la navaja ni el brillo de mis ojos. Pero estoy temblando como un

priests

prematurely / **se...** was
　getting entangled /
　curly

finca... takes pride

Damned

verdadero asesino. De ese cuello brotaría un chorro de sangre sobre la sábana, sobre la silla, sobre mis manos, sobre el suelo. Tendría
120 que cerrar la puerta. Y la sangre seguiría corriendo por el piso, tibia, imborrable, incontenible, hasta la calle, como un pequeño arroyo escarlata. Estoy seguro de que un golpe fuerte, una honda incisión, le evitaría todo dolor. No sufriría. ¿Y qué hacer con el cuerpo? ¿Dónde ocultarlo? Yo tendría que huir, dejar estas cosas,
125 refugiarme lejos, bien lejos. Pero me perseguirían hasta dar conmigo. «El asesino del Capitán Torres. Lo degolló mientras le afeitaba la barba. Una cobardía.» Y por otro lado: «El vengador° de   avenger los nuestros. Un nombre para recordar (aquí mi nombre). Era el barbero del pueblo. Nadie sabía que él defendía nuestra causa…» ¿Y
130 qué? ¿Asesino o héroe? Del filo de esta navaja depende mi destino. Puedo inclinar un poco más la mano, apoyar un poco más la hoja, hundirla. La piel cederá como la seda,° como el caucho,° como   silk / rubber badana. No hay nada más tierno que la piel del hombre y la sangre siempre está ahí, lista a brotar. Una navaja como ésta no traiciona.
135 Es la mejor de mis navajas. Pero yo no quiero ser asesino, no señor. Usted vino para que yo lo afeitara. Y cumplo honradamente con mi trabajo… No quiero mancharme de sangre. De espuma y nada más. Usted es verdugo y yo no soy más que un barbero. Y cada cual en su puesto. Eso es. Cada cual en su puesto.
140   La barba había quedado limpia, pulida y templada. El hombre se incorporó para mirarse en el espejo. Se pasó las manos por la piel y la sintió fresca y nuevecita.

        «Gracias», dijo. Se dirigió al ropero en busca del cinturón, de la pistola y del kepis. Yo debía estar muy pálido y sentía la camisa
145 empapada.° Torres concluyó de ajustar la hebilla,° rectificó la   soaked / buckle posición de la pistola en la funda y luego de alisarse°   smoothing maquinalmente los cabellos, se puso el kepis. Del bolsillo del pantalón extrajo unas monedas para pagarme el importe del servicio. Y empezó a caminar hacia la puerta. En el umbral° se   threshold
150 detuvo un segundo y volviéndose me dijo:

        «Me habían dicho que usted me mataría. Vine para comprobarlo. Pero matar no es fácil. Yo sé por qué se lo digo.» Y siguió calle abajo.

DESPUES DE LEER

¿Qué pasó?

1. ¿Por qué tenía tanta barba el capitán?
2. ¿Por qué cree el barbero que el capitán supone que él está de acuerdo con las cosas que hace?
3. ¿Por qué dice el barbero que el capitán es un hombre de imaginación?
4. ¿Por qué pocas personas sabían que el barbero era uno de los revolucionarios?
5. ¿Por qué decide el barbero no matar al capitán?
6. ¿Tenía razón el barbero cuando pensaba que el capitán no sabía que él era uno de los revolucionarios? ¿Por qué?

En otras palabras

A. Vocabulario especial.   Haga una lista del vocabulario asociado con el trabajo de cada personaje. Mencione por lo menos diez palabras para cada uno.

B. ¿Recuerda el sinónimo?   Escoja el número correspondiente.

1. pender   _____ cuidado
2. dar con   _____ cansancio
3. aturdido   _____ roja
4. fatiga   _____ trabajo
5. esmero   _____ brillosa
6. faena   _____ encontrar
7. pulida   _____ sorprendido
8. escarlata   _____ colgar

C. ¿Qué palabra falta?   Complete las oraciones con la palabra adecuada de la lista siguiente.

afeitar	enemigos	mancharse	perseguir
barba	esmero	mutilar	piel
cliente	espuma	navaja	temblar
degollar	informar	peluquería	verdugo

Cuando este _____ entró en la _____, el barbero

_____. La _____ cubría la _____ del hombre y el

barbero lo _____ con _____. El podía usar la _____

para _____ al capitán porque eran _____. El barbero

les _____ a los rebeldes de los planes de los soldados. El capitán

los _____ y, como _____, después _____ sus cuerpos.

El barbero no _____ de sangre sino de _____.

Parecidas pero diferentes

Complete las oraciones siguientes con las palabras correctas entre paréntesis. Puede consultar el Apéndice A, *Parecidas pero diferentes*, en la página 180, si necesita revisar el significado de las palabras.

1. (Desde/Porque/Como) hacía cuatro días que no se afeitaba, el capitán tenía la barba compacta y necesitaba afeitarse.

2. Cuando el capitán entró, el barbero estaba (sólo/solo) en la barbería.

3. Muy seguro de sí mismo, el capitán (tomó/se quitó) el cinturón donde (tomaba/llevaba) la pistola.

4. Con la barba, el capitán (miraba/aparecía/parecía) un poeta.

5. El barbero (tomó/llevó) la navaja con mucho cuidado.

6. El era un barbero orgulloso y por esa razón (se aplicó en/aplicó/solicitó) su (trabajo/posición).

7. Además, el capitán era un cliente que él necesitaba (asistir/atender) con cuidado.

8. El capitán no era un (extranjero/extraño/desconocido) para el barbero.

9. (Una vez/Un tiempo) él había visto las torturas que (solo/sólo) un hombre como el capitán podía planear.

10. El barbero no (apoyaba/mantenía) las crueldades del capitán, (pero/sino/sino que) estaba seguro de que el capitán no sospechaba de él.

11. Después de pasar la navaja, la piel del capitán comenzaba a estar (gratis/libre) de barba.

12. Aunque (se sentía/sentía) muy nervioso, pensaba que el capitán no (se daba cuenta de/realizaba) eso.

13. El capitán no (dejaba de/paraba) hablar.

14. (Tenía sueño/Dormía) y quería (soñar/dormir) porque estaba muy cansado.

15. Le dijo al barbero que no debía (extrañar/perder) el espectáculo que había planeado para los revolucionarios.

16. El capitán no recibió el servicio (gratis/libre).

17. Antes de marcharse, el capitán le dijo al barbero que (sabía/conocía) que era su enemigo político.

18. El barbero no quiso (volverse/ponerse/convertirse en) un asesino.

Exprese su opinión
Conteste las preguntas siguientes.

1. Compare a los dos personajes del cuento física y psicológicamente.

2. Según el capitán «matar no es fácil.» ¿Qué opina usted?

3. ¿Cuáles son las razones que el barbero se da a sí mismo para no matar al capitán? ¿Está usted de acuerdo? ¿Qué piensa usted de él?

4. ¿Por qué cree usted que toda la conversación del capitán está relacionada con su persecución de los rebeldes?

5. ¿Cuál cree usted que es el propósito del autor del cuento al presentarnos esta situación?

Tema para crear
¿Cuál sería la reacción de las personas del pueblo cuando vieron al capitán salir afeitado de la peluquería? ¿Qué les diría el barbero? ¿Qué pensarían ellos del barbero? Desarrolle estas preguntas en una composición que sirva como final del cuento.

8

Caminos

Ana María Matute (España)

ANTES DE LEER

Vocabulario para la lectura.

Estudie las palabras y frases siguientes:

1. **aprecio**   *esteem*   En el pueblo se les tenía aprecio y algo de lástima porque eran buenos, pobres y estaban solos.
2. **labrar**   *to plow*   Labraban una pequeña tierra.
3. **valer la pena**   *to be worthwhile*   Valió la pena el sacrificio.
4. **ahorros**   *savings*   Los campesinos compraron el caballo con sus ahorros.
5. **cosecha**   *harvest*   «Crisantemo» era el fruto de una buena cosecha.
6. **aldea**   *village*   En la aldea tenían al juez por hombre rico.
7. **ganado**   *cattle*   Tenía más de cien cabezas de ganado y tierras.
8. **lumbre (la)**   *fire*   Lo hablaron a la noche junto a la lumbre.
9. **las afueras**   *the outskirts*   Los Francisquitos tenían su casa en las afueras, junto a la carretera.
10. **arrugado/a**   *wrinkled*   Una mujer les acompañaba, arrugada y descalza, que desde luego no era la madre.
11. **golpe (el)**   *blow*   Los niños tenían marcas de golpes.
12. **apretar (ie)**   *to tighten, to squeeze*   Barrito apretaba la boca para no llorar.
13. **aguantarse**   *to withstand*   El niño, callado, se aguantó el dolor en silencio.
14. **obedecer (obedezco)**   *to obey*   Barrito escuchaba a los Francisquitos y obedecía.

15. **leña**   *firewood*   Barrito estaba orgulloso de «Crisantemo» cuando lo llevaba a buscar la leña.

16. **cumplir... años**   *to turn . . . years old*   Barrito cumplió catorce años.

17. **pañuelo**   *handkerchief*   Timotea se secó una lágrima con el pañuelo.

18. **gastos**   *expenses*   Con la operación tendrían muchos gastos.

19. **atreverse a**   *to dare*   Se miraban uno a otro, sin atreverse a hablar.

20. **campana**   *bell*   Oyeron la campana de la iglesia, dando la hora.

¡Vamos a practicar!

Complete las oraciones con la forma adecuada de las palabras o frases de la lista de vocabulario.

1. Si quieres sentirte mejor debes _____ las órdenes del médico.

2. Mi hermano _____ veinte años ayer.

3. _____ estudiar mucho porque así aprendo más y saco buenas notas.

4. En el invierno compro _____ porque me gusta tener _____ en la chimenea.

5. Muchas personas prefieren vivir en _____ porque allí hay más espacio, menos contaminación y más tranquilidad.

6. Cristóbal _____ la mano cuando saluda.

7. Este año el frío dañó la _____ de naranjas.

8. El cariño es un sentimiento más profundo que el _____.

9. Cuando comienzan las clases tenemos muchos _____ porque compramos la ropa y los libros.

10. No _____ a pedirle un favor porque él siempre está de mal humor.

11. En la excursión visitamos una _____ muy pintoresca.

12. Con mis _____ voy a comprar una bicicleta.

13. Algunos campesinos _____ la tierra con máquinas muy modernas.

14. Su madre tiene una colección de _____ de todas partes del mundo.

15. Los Rivera tienen _____ en su finca.

16. Aunque el dolor era muy fuerte, el soldado _____ los deseos de llorar.

17. Las personas que trabajan al sol sin protección, tienen la piel _____ temprano.

18. El boxeador murió como consecuencia de los _____ que recibió.

19. Arturo lleva un _____ que combina con su corbata.

Sobre la autora

Ana María Matute *nació en Barcelona, España, en 1926. Es tal vez la escritora española que más premios ha recibido, desde que escribió su primera novela cuando tenía 22 años. Cuando sólo tenía diez años comenzó la Guerra Civil en su país. La consecuencia inmediata fue la interrupción de sus estudios. Sin embargo, la guerra tuvo un efecto mucho más profundo en ella y con frecuencia está presente en su obra como un tema destacado, como ambiente o como explicación de la conducta de los personajes. También se distingue por la presencia constante de los niños, víctimas de las circunstancias, en este caso, de la guerra, como ella misma lo fue. La mayor parte de las veces son huérfanos y sufren la pobreza, la crueldad, la soledad y la injusticia de un mundo que todavía no comprenden y que nunca llegarán a comprender. Más dolorosa que la muerte es la pérdida de la ilusión, ocurrida prematuramente, que los convierte en seres tristes y solitarios.*

Usted sabe más de lo que cree

Al narrador del próximo cuento le preocupa **la claridad** de su exposición. Observe los siguientes ejemplos tomados del primer párrafo del cuento:

1. «En el pueblo los llamaban los Francisquitos por alguna extraña razón que ya nadie recordaba, pues él se llamaba Damián y ella Timotea». (Lineas 1–3)

2. «Se les tenía aprecio y algo de lástima, porque eran buenos, pobres y estaban solos». (Lineas 3–4)

El narrador parece anticipar las posibles preguntas del lector y, en la segunda parte de cada ejemplo, le da una razón o una explicación para la declaración de la primera parte. Recuerde este procedimiento mientras lee el cuento y trate de encontrar otros ejemplos en los que el narrador justifica sus afirmaciones o le aclara sus dudas al lector.

Preguntas de orientación.

Las preguntas siguientes le ayudarán a comprender mejor el cuento.

1. Por lo general, ¿cuándo se adopta a un niño o a una niña? ¿Hay una edad preferida? ¿Por qué (no)?

2. ¿Qué interés puede tener un campesino en tener un buen caballo? ¿Cuál puede ser su valor en caso de necesidad económica?

3. ¿En qué formas podemos mostrar nuestro afecto hacia otra persona?

Preguntas de anticipación.

Piense en las preguntas siguientes mientras lee el cuento.

1. ¿Quién era Barrito y por qué vivía con los Francisquitos?

2. ¿Cuándo y por qué deciden los Francisquitos vender a «Crisantemo»?

3. ¿Qué hace Barrito entonces?

∽∽∽∽∽∽∽∽ *Caminos* ∽∽∽∽∽∽∽∽

En el pueblo los llamaban los Francisquitos, por alguna extraña razón que ya nadie recordaba, pues él se llamaba Damián y ella Timotea. Se les tenía aprecio y algo de lástima, porque eran buenos, pobres y estaban solos. No tenían hijos, por más que ella
5 subió tres veces a la fuente milagrosa,° a beber el agua de la maternidad, e hizo cuatro novenas a la santa con el mismo deseo. Labraban una pequeña tierra, detrás del cementerio viejo, que les daba para vivir, y tenían como única fortuna un hermoso caballo rojo, al que llamaban «Crisantemo». Muchas veces, los
10 Francisquitos sonreían mirando a «Crisantemo», y se decían:

—Fue una buena compra, Damián.

—Buena de veras—decía él—. Valió la pena el sacrificio. Sabes, mujer, aunque la tierra no dé más que *pa** mal vivir, el «Crisantemo» es siempre un tiro cargado.° Entiendes lo que quiero
15 decir, ¿no?

—Sé—respondía ella—. Sé muy bien, Damián. Es un empleo que le dimos a los ahorros.

«Crisantemo» era el fruto de una buena cosecha de centeno.° Nunca pudieron ahorrar, hasta entonces. Cierto que apretaron el
20 cinturón y se privaron° del vino (y hasta el Damián de su tabaco). Pero se tuvo al «Crisantemo», que daba gloria de ver.° Nemesio, el juez, que tenían en la aldea por hombre rico°—más de cien cabezas de ganado y tierras en Pinares, Huesares y Lombardero—, le dijo, señalando la caballería° con el dedo:
25 —Buen caballo, Francisquito, buen caballo.

Alguna proposición tuvo de compra. Pero, aunque la tentación era fuerte—se presentó un invierno duro, dos años después—, los Francisquitos lo pensaron bien y mejor. Lo hablaron a la noche, ya recogidos los platos, junto a la lumbre.
30 —Que no se vende.

—Que no.

Precisamente a la salida de aquel invierno ocurrió lo del muchacho. Ya habían roto los deshielos y empezaba el rosario de caminantes, vagabundos,° cómicos, cantarines y pillos.° Los
35 Francisquitos tenían su casa en las afueras, junto a la carretera. Por allí veían pasar a los caminantes, y con ellos, un buen día, llegaron los de la guitarra, con Barrito.

miraculous

es... is a loaded gun

rye

se... they deprived themselves
que... it was a delight to see
tenían... [the judge] was considered a rich man in the village
mount

wanderers/thieves

*forma dialectal de *para*

Barrito era un niño de unos diez años, pequeño y esmirriado,° **thin**
sucio y lleno de piojos,° como su hermano mayor. Su padre, si lo **lice**
40 era, que los Francisquitos nunca lo creyeron (¿cómo iba a portarse
así un padre?), iba de caminos, con los dos chavales,° tocando la **kids**
guitarra. Una mujer les acompañaba, arrugada y descalza, que
desde luego no era la madre. («¿Cómo va a ser la madre, Dios...?»)

El padre tocaba la guitarra para que los niños bailaran. Sus
45 harapos° flotaban al compás de la música, los bracitos renegridos° **rags/blackened**
al aire, como un arco, sobre las cabezas. Los pies descalzos
danzaban sobre la tierra aún húmeda, sobre las losas° y los cantos **stone slabs**
erizados:° como piedrecillas, también, rebotando° contra el suelo. **cantos... pointed pebbles/bouncing**

La Francisquita los vio cuando venía de la tienda. Estuvo
50 mirándoles, seria y pensativa, y rebuscó en el delantal° un realín° **apron/coin of little value**
del cambio. Lo besó y se lo dio.

Cuando llegó a su casa, se dio a pensar mucho rato en los
muchachos. Sobre todo en el pequeño, en sus ojos de endrina,° que **sloe**
se clavaban como agujas.° «Hijos», se decía. A Damián, comiendo, **se... pierced like needles**
55 le habló de los niños:

—Da congoja° verles. No sé cómo se puede hacer eso con un **grief**
niño. Marcados iban de golpes, y me dijo la Lucrecia: «A éstos, por
la noche, su padre les pregunta: ¿Qué queréis, panecillo o real? Los
niños dicen: real, padre. Les da un real, y al despertar por la mañana
60 les vuelve a decir: el que quiera panecillo, que pague un real». Así,
dicen que hace. La Lucrecia les conoce. Dice que estuvieron el año
pasado en Hontanar, cuando ella fue allí a moler° el trigo.° **to grind/wheat**

A la tarde, ocurrió la desgracia. Pasó un carro° junto a la casa **cart**
de los Francisquitos, y ellos oyeron los gritos y las blasfemias. En
65 la cuneta° dormitaban los de la guitarra, y el pequeño, Barrito, que **ditch**
salió a buscar alguna cosa, le pilló allí,° de sopetón.° La rueda° le **le... he was caught there/suddenly/wheel**
pasó por el pie derecho: un piececito sucio, calloso, como otra piedra
del camino. Los Francisquitos acudieron asustados. El pobre
Barrito apretaba la boca, para no llorar, y miraba hacia lo alto con
70 su mirada negra y redonda de pájaro, que había llegado al corazón
de Timotea. La sangre manchaba la tierra. El padre y la mujer
blasfemaban, y el hermano se había quedado en la cuneta, sentado,
mirando con la boca abierta.

—¡Menos gritos y buscad al médico!—dijo el carretero.
75 Los de la guitarra proferían° una extraña salmodia de **uttered**
lamentos e insultos, sin hacer nada. Barrito miraba fijamente a

Timotea, y la mujer sintió como un tirón° dentro, igual que años   tug
atrás, cuando iba a la fuente milagrosa.

—Cógelo, Damián. Llévalo a casa.

80   Los Francisquitos lo llevaron a su casa y llamaron al médico.
Los de la guitarra no aparecieron en todo el día.

El médico curó al niño. La Timotea lo lavó, lo peinó y le dio
comida. El niño, callado, se aguantó el dolor en silencio y comió con
voracidad.

85   Al día siguiente los de la guitarra habían desaparecido del
pueblo. En un principio se pensó en seguirles, pero la Timotea
habló a su marido, y éste al alcalde.

—Damián, vamos a quedarnos a Barrito.

—¿Y eso, mujer?

90   —Más a gusto trabajará en nuestra tierra que de caminos. ¡No
tenemos hijos, Damián!

El alcalde se rascó° la cabeza, cuando se lo dijeron. Al fin, se   se... scratched
encogió de hombros:°   se... shrugged his
                                                                    shoulders
—Mejor es así, Francisquita, mejor es así. Pero si un día le
95 reclaman...°   claim

—Sea lo que Dios quiera—dijo ella.

—Sea—dijo el alcalde.

Y se quedaron con Barrito.

Pasó el tiempo y nadie le vino a reclamar. Barrito era un niño
100 callado, como si no pudiera quitarse del todo:° su aire triste,   como... as if he
huraño° y como amedrentado.° Los Francisquitos le tenían como   could not get rid
hijo de verdad, del corazón. Barrito aprendió a trabajar. Ayudaba a   of completely/
Damián a sostener el arado° e iba con Timotea a cavar, con su   unsociable/scared
pequeña azada° al hombro. En seguida aprendió de simientes° y de   plow
105 riegos,° de tierra buena y mala, de piedras, árboles y pájaros. Barrito hoe/seeds
era dócil, ciertamente. Escuchaba en silencio a los Francisquitos,   irrigation
cuando le hablaban, y obedecía. A veces, Timotea hubiera querido
verlo más cariñoso, y le decía a su marido:

—Sólo un pero° tiene el niño, Damián: que no creo que nos   fault
110 tenga amor. Es bueno, eso sí. Y obediente. Porque agradecido sí
parece. ¡Ay, Damián!, pero cariño no, cariño no le despertamos.

Damián liaba° un cigarrillo, despacio.   was rolling

—Mujer—decía—, mujer, ¿qué más quieres?

También Barrito estaba orgulloso de «Crisantemo». Cuando
115 le llevaba a beber al gamellón,° carretera adelante, a la entrada del   feeding trough

bosque. Cuando le llevaba a la leña. Cuando le llevaba a la tierra. Sólo por «Crisantemo» se le vio sonreír, con dientes menudos° y cariados,° una vez que le dijo el juez, viéndole pasar:

    —Buen caballo tenéis, Barrito.

120   Barrito cumplió catorce años. Francisquito le enseñó, paciente, durante las noches de invierno, a leer y a escribir. Y también algo de cuentas.°

    Fue en el verano cuando empezó el mal. Barrito no se quejaba nunca, pero le notaron el defecto. Barrito perdía la vista. Poco a 125 poco primero, rápidamente después. El médico le miró mucho, y al fin dijo:

    —Esto se tiene que operar, o quedará ciego.

    Los Francisquitos regresaron tristes a casa. A Timotea le caía una lágrima por la nariz abajo, y se la refrotó° con el pañuelo.

130   No tenían dinero. La operación era difícil, cara, y debían, además, trasladarse° a la ciudad. Y luego no sólo era la operación, sino todo lo que tras ella vendría...

    —Gastos, muchos gastos—decía Timotea.

    Estaban sentados a la lumbre, hablando bajo. Allí al lado 135 dormía Barrito, únicamente separado de ellos por la cortina de arpillera.°

    Barrito oyó el susurro° de las voces, y se incorporó.

    —Mujer—decía entonces Damián—. Ya te dije una vez que el «Crisantemo» era un tiro cargado. Tú sabes bien quién se lo 140 quedará a ojos ciegas...°

    —El juez—dijo Timotea, con voz temblorosa.°

    —El juez—repitió Damián—. Anda, mujer: seca esos ojos. Al fin y al cabo, *pa* eso teníamos al «Crisantemo»...

    —Así es—dijo Timotea—. Así es. Lo único que siento, que le 145 dará un mal trato. Ya sabes como es: no tiene aprecio a nada. Sólo capricho°... En cuanto se canse, sabe Dios a qué gitano° lo venderá.

    —Mujer, no caviles° eso. Lo primero es la vista de Barrito.

    —Eso sí: lo primero, los ojos del niño.

    Barrito se echó° de nuevo. Sus ojos negros y redondos, como 150 las endrinas de los zarzales,° estaban fijos y quietos en la oscuridad.

    Al día siguiente Barrito se levantó más tarde. No le dijeron nada, pues le trataban como a enfermo. Barrito desayunó despacio leche y pan, junto a la lumbre. Luego, se volvió a Timotea, y dijo:

    —Madre, me dé los ramales,° que le voy a por leña.

155   —No hace falta, hijo. No vas a ir ahora... ¡Loca estaría!

---

tiny
decayed

algo... a bit of arithmetic

se... she rubbed it

to move

sackcloth
whisper

Tú... You know quite well who would be willing to have it without thinking about it twice.
shaky

whim / gypsy
no... don't worry too much about
se... he lied down
thickets

strands

—Madre—dijo Barrito—. No me prive de esto. Conozco el camino como mi mano. Madre, no me haga inútil tan pronto, que me duele.

Timotea sintió un gran pesar,° y dijo: — sorrow

160 —No hijo, no. Eso no. Anda en buena hora, y ten cuidado.

Barrito sacó a «Crisantemo» del establo° y lo montó. Ella lo vio ir carretera adelante, levantando polvo, hacia el sol. Se puso la mano sobre los ojos, como de pantalla,° para que no la hirieran° los rayos, y pensó: — stall / shield/would not hurt

165 —Ay, Dios, nunca me dio un beso. Este muchacho no nos quiere. Bien dicen que el cariño no se puede arrancar.° — **no...** cannot be forced

Timotea fue a la tierra, con Damián. Se llevaron la comida, y, a la vuelta, encontraron la casa vacía.

—¡Barrito!—llamaron—. ¡Barrito!

170 Pero Barrito y «Crisantemo» habían desaparecido. Un gran frío entró en sus corazones. Pálidos, se miraban uno a otro, sin atreverse a hablar. Así estuvieron un rato, hasta que oyeron la campana de la iglesia, dando la hora. Las nueve. En el cielo brillaban las estrellas, límpidas.

175 —Se fue a eso de las diez, esta mañana—dijo ella, con voz opaca.

El no contestó.

Entonces oyeron los cascos° del caballo, y salieron corriendo a la carretera. — hoofs

180 «Crisantemo» volvía, cansado y sudoroso. Llegó y se paró frente a la puerta. Se oía, como un fuelle,° su respiración fatigada. Sus ojos de cristal amarillento brillaban debajo de la luna, frente a ellos. «Crisantemo» volvía desnudo y solo. — bellows

DESPUES DE LEER

¿Qué pasó?
Conteste las preguntas siguientes.

1. ¿Qué información nos da la autora sobre los Francisquitos?
2. ¿Por qué dice Francisquito que «‹Crisantemo› es siempre un tiro cargado»?
3. ¿Quién deseaba poseer a «Crisantemo»? ¿Por qué esto es importante en el cuento?

4. ¿Cuál era el trabajo de Barrito cuando la Francisquita lo vio por primera vez?

5. ¿Por qué los Francisquitos dudan de que el hombre y la mujer que acompañan a los niños sean sus padres?

6. ¿Cómo fue la vida de Barrito con los Francisquitos? ¿Qué trabajos hacía él y qué hicieron ellos por él?

7. ¿Qué defecto físico le encontraron a Barrito? ¿Cuál fue la recomendación del médico?

8. ¿Qué consecuencias económicas va a tener para los Francisquitos la operación de Barrito? ¿Qué piensan hacer ellos?

9. ¿Dónde está Barrito mientras los Francisquitos discuten la situación?

10. ¿Qué le pide Barrito a la Francisquita al día siguiente? ¿Cómo reacciona ella?

11. ¿Qué pasa esa tarde cuando los Francisquitos regresan a la casa después de trabajar en la tierra?

En otras palabras

A. *¿Recuerda el sinónimo?*   Escoja el número correspondiente.

1. aprecio	_____ cansada
2. pesar	_____ delgado
3. bailar	_____ afecto
4. lumbre	_____ asustado
5. pillos	_____ pensar
6. esmirriado	_____ congoja
7. de sopetón	_____ enfermedad
8. amedrentado	_____ danzar
9. menudos	_____ fuego
10. fatigada	_____ pequeños
11. chavales	_____ de repente
12. cavilar	_____ muchachos
13. mal	_____ ladrones

B. ¿Qué palabra falta?   Complete las oraciones con la palabra adecuada de la lista siguiente.

ahorros	cosecha	labrar	portarse
capricho	enfermo	lástima	privarse
cariño	ganado	leña	vagabundos
carretero	huraño		

Dos campesinos _____ la tierra. Por mucho tiempo _____ de varias cosas y con los _____ de la _____ pudieron comprar un caballo. Adoptaron a un chico que vivía con unos _____ y que había tenido un accidente causado por un _____. El niño _____ muy bien con ellos y los ayudaba buscando _____. Era _____ y la madre decía que no les tenía _____.

Cuando los padres descubrieron que el niño estaba _____ y que necesitaba una operación, decidieron venderle el caballo a un hombre rico que poseía _____. Los dueños sentían _____ porque sabían que sólo era un _____, pero querían hacer el sacrificio por el niño.

Parecidas pero diferentes

Complete las oraciones siguientes con las palabras correctas entre paréntesis. Puede consultar el Apéndice A, *Parecidas pero diferentes*, en la página 180, si necesita revisar el significado de las palabras.

1. Damián y Timotea vivían (solitarios/solos) en el (campo/país) porque no tenían hijos.
2. (Sólo/Solo) tenían un caballo que habían comprado después de (ahorrar/salvar) mucho dinero.
3. Ellos trabajaban mucho (creciendo/cultivando) centeno.
4. (Una vez/Un tiempo) llegaron unos vagabundos.
5. El hombre (jugaba/tocaba) la guitarra y los niños bailaban.
6. Timotea (se fijó en/fijó) los ojos penetrantes del chico más pequeño y (sintió/se sintió) triste.

7. A pesar de que un carro pasó por encima del pie (correcto/derecho) del chico, él pudo (soportar/apoyar) el dolor que le causaba la (injuria/herida).

8. El hombre comenzó (un argumento/una discusión) con el carretero en lugar de preocuparse por Barrito.

9. (Como/Desde que/Porque) los Francisquitos no tenían hijos, decidieron (quedar/quedarse) con Barrito y (crecerlo/criarlo) como un hijo.

10. Aunque su (posición/puesto) era pobre, tenían suficiente dinero para (mantener/soportar) al chico.

11. Timotea (sabía/conocía) que el hombre (trataba/probaba) mal a los chicos y sospechaba que ellos no eran los (padres/parientes) (reales/verdaderos).

12. Barrito era un chico listo y pronto aprendió a (atender/ayudar) a los Francisquitos.

13. El nunca (perdía/extrañaba) su vida anterior.

14. Timotea (sentía/se sentía) que Barrito no los quería.

15. Aunque el niño (aparecía/parecía/miraba) estar (sano/cuerdo), los Francisquitos (se dieron cuenta de/realizaron) que tenía un defecto.

16. Cuando lo (tomaron/llevaron) al médico, (supieron/conocieron) que Barrito (se quedaría/se haría) ciego si no lo operaban.

17. Los Francisquitos temían que iban a (gastar/pasar) mucho dinero en la operación y decidieron (mudarse/moverse) a la ciudad.

18. También (tendrían/tendrían que) venderle el caballo al juez.

19. Después de oír esa conversación, Barrito le (preguntó/pidió) permiso a Timotea para (buscar/mirar) leña.

20. El (salió/dejó) temprano y no (devolvió/volvió).

Exprese su opinión
Conteste las preguntas siguientes.

1. ¿Qué importancia tiene la niñez en el desarrollo de la personalidad de un individuo? ¿Por qué el caso de Barrito es un ejemplo de esto?

2. ¿Con quién se mostraba expresivo Barrito? ¿Cómo podemos explicar esto?

3. ¿Qué hace usted cuando quiere expresarle su gratitud o su cariño a una persona?

4. ¿Por qué Timotea duda de que Barrito les tenga cariño? ¿Tiene razón? ¿Qué opina usted sobre esa idea de que sólo tiene cariño la persona que lo expresa concretamente y en formas tradicionales como un beso, un abrazo, etc?

5. ¿Qué cree usted que hizo Barrito cuando salió de la casa? ¿Por qué? ¿Qué opina usted sobre esto?

Tema para crear
¿Recuerda usted alguna experiencia, agradable o desagradable, que haya dejado una marca en usted? Desarrolle su respuesta en una composición.

« China »

José Donoso (Chile)

ANTES DE LEER

Vocabulario para la lectura.

Estudie las palabras y frases siguientes:

1. **bullicio**   *noise, hubbub*   La agitación alterna con la tranquilidad y con el bullicio.
2. **acera**   *sidewalk*   Más allá, hacia el fin de la primera cuadra, la acera se ensancha.
3. **ensancharse**   *to become wider*   Más allá, hacia el fin de la primera cuadra, la acera se ensancha.
4. **tranvía (el)**   *streetcar*   Ese día ni tranvías amarillos corrían.
5. **envuelto/a (envolver,** like **volver)**   *wrapped up*   En un balcón de segundo piso aparece una mujer envuelta en una bata.
6. **farol (el)**   *streetlamp*   En la calle había faroles dobles, de forma caprichosa.
7. **cubiertos**   *cutlery*   Mi madre deseaba encontrar unos cubiertos.
8. **casa de empeños**   *pawnshop*   Sospechábamos que una criada había llevado los cubiertos a una casa de empeños.
9. **aglomeración (la)**   *mass, crowd*   En la aglomeración un obrero desarregló el sombrero de mi madre.

10. **antojarse**   *to take into one's head*   Se me antojaba poseer cuanto mostraban las vitrinas.

11. **vitrina**   *shop window*   Se me antojaba poseer cuanto mostraban las vitrinas.

12. **remendar (ie)**   *to mend*   El «Zurcidor Japonés» jamás remendaría mis ropas.

13. **plano**   *map*   Estudié largamente un plano de la ciudad.

14. **disfrazarse de**   *to disguise oneself as*   Mi hermano pensó que íbamos a disfrazarnos de orientales.

15. **correr peligro**   *to be in danger*   No se corría peligro al cruzar de una acera a otra.

16. **lucirse (luzco)**   *to show off*   Estaba sintiendo un gran afecto hacia mi hermano por haber logrado lucirme ante él.

17. **estrenar**   *to use or wear for the first time*   Era la época de los pantalones recién estrenados.

18. **montón (el)**   *heap*   No veía caer la tarde sobre los montones de fruta en los kioskos.

¡Vamos a practicar!

Complete las oraciones con la forma adecuada de las palabras o frases de la lista de vocabulario.

1. Una de las atracciones turísticas de San Francisco son sus _____.

2. No puedo estudiar cuando hay tanto _____.

3. Vamos a visitar Madrid y ya compramos un _____ para poder localizar los museos.

4. El próximo 31 de octubre voy a _____ pirata.

5. Mis padres me regalaron los _____ de plata que pertenecieron a mi abuela.

6. ¿Por qué _____ los pantalones viejos si puedes comprarte unos nuevos?

7. Los zapatos que compré son más cómodos ahora porque los usé varias veces y ya _____.

8. Cuando era niña, era una tradición ir a ver la _____ de esa tienda en las Navidades.

9. En el lugar de un accidente frecuentemente hay una _____ de curiosos.

10. Llevó la guitarra a una _____ pero no le dieron mucho dinero por ella.

11. El día de mi cumpleaños siempre _____ un vestido nuevo.

12. Los niños _____ cuando saben que los adultos los están mirando.

13. Esta calle es muy oscura porque hay pocos _____.

14. No puedo llevar a mi hijo a esa tienda porque _____ todos los juguetes que ve.

15. La operación fue un éxito y ahora el paciente no _____.

16. Voy a llevar este _____ de libros a la biblioteca.

17. A veces es peligroso jugar en la _____, cerca de la calle.

18. Ya compré el regalo pero todavía no lo he _____.

Sobre el autor

José Donoso nació en Santiago de Chile en 1925. Hijo de familia acomodada, cursó estudios universitarios en su país y en los Estados Unidos. Ha sido profesor de inglés en su país y profesor visitante en varias universidades de los Estados Unidos. Es célebre como novelista por su contribución al período de renovación de la novela hispanoamericana conocido como «el boom». El cuento de esta antología pertenece a su libro Veraneo y otros cuentos (1955). Es el primero que escribió y con él se presentó a un concurso organizado para dar a conocer a los escritores jóvenes. En él ya está presente su interés por la vida en la ciudad y su relación con el mundo interior del ser humano, la observación de los sucesos cotidianos y de las diferencias sociales, y la creación de una atmósfera misteriosa.

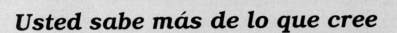

Usted sabe más de lo que cree

Cuando se lee un cuento se espera que **la narración** comience desde la primera oración. Este no es el caso del cuento que usted va a leer a continuación. Todo el primer párrafo constituye una **descripción** de una calle de una ciudad. ¿Qué información encuentra usted aquí? Haga una lista de las palabras y las frases que se usan para describir el lugar y las personas que están allí.

Esta no es la única descripción que encontrará en el cuento. Tampoco es la única descripción de esa misma calle. ¿Qué otro lugar de la ciudad se describe en el cuento? ¿Qué diferencias hay entre ambos? ¿Qué diferencias hay entre la descripción inicial del cuento y la descripción posterior del mismo lugar?

Preguntas de orientación.

Las preguntas siguientes le ayudarán a comprender mejor el cuento.

1. Tradicionalmente, ¿cómo está organizada una ciudad? ¿Qué secciones tiene?

2. ¿Cuál es el servicio que se ofrece en una casa de empeños?

3. ¿Cree usted que existe alguna relación especial entre un hermano mayor y un hermano menor? ¿Cuál? ¿Por qué?

Preguntas de anticipación.

Piense en las preguntas siguientes mientras lee el cuento.

1. ¿Qué parte de la ciudad es «China»?

2. ¿Cuál fue el origen de esa forma de identificación?

3. ¿Qué importancia tuvo «China» en la vida del narrador?

∞∞∞∞∞ «China» ∞∞∞∞∞

Por un lado el muro gris de la Universidad. Enfrente, la agitación maloliente° de las cocinerías alterna con la tranquilidad de las tiendas de libros de segunda mano y con el bullicio de los establecimientos donde hombres sudorosos horman° y planchan, 5 entre estallidos de vapor. Más allá, hacia el fin de la primera cuadra, las casas retroceden y la acera se ensancha. Al caer la noche, es la parte más agitada de la calle. Todo un mundo se arremolina en torno a° los puestos de fruta. Las naranjas de tez áspera° y las verdes manzanas pulidas y duras como el esmalte,° cambian de color bajo 10 los letreros de neón, rojos y azules. Abismos de oscuridad o de luz caen entre los rostros que se aglomeran alrededor del charlatán vociferante, engalanado° con una serpiente viva. En invierno, raídas bufandas° escarlatas embozan° los rostros, revelando sólo el brillo torvo° o confiado, perspicaz o bovino, que en los ojos señala a 15 cada ser distinto. Uno que otro° tranvía avanza por la angosta calzada,° agitando todo con su estruendosa° senectud° mecánica. En un balcón de segundo piso aparece una mujer gruesa° envuelta en un batón listado.° Sopla° sobre un brasero, y las chispas° vuelan como la cola de un cometa. Por unos instantes, el rostro de la mujer 20 es claro y caliente y absorto.

Como todas las calles, ésta también es pública. Para mí, sin embargo, no siempre lo fue. Por largos años mantuve el convencimiento° de que yo era el único ser extraño que tenía derecho a aventurarse entre las luces y sus sombras.

25 Cuando pequeño, vivía yo en una calle cercana, pero de muy distinto sello.° Allí los tilos,° los faroles dobles, de forma caprichosa, la calzada poco concurrida y las fachadas serias hablaban de un mundo enteramente distinto. Una tarde, sin embargo, acompañé a mi madre a la otra calle. Se trataba de encontrar unos cubiertos. 30 Sospechábamos que una empleada los había sustraído,° para llevarlos luego a cierta casa de empeños allí situada. Era invierno y había llovido. Al fondo de las bocacalles° se divisaban restos de luz acuosa, y sobre unos techos cerníanse° aún las nubes en vagos manchones parduscos. La calzada estaba húmeda, y las cabelleras 35 de las mujeres se apegaban, lacias,° a sus mejillas. Oscurecía.

Al entrar por la calle, un tranvía vino sobre nosotros° con estrépito. Busqué refugio cerca de mi madre, junto a una vitrina

smelly

block

se... mills around
tez... rough skin
enamel

adorned
raídas... worn scarves/cover
grim
Uno... An occasional
angosta... narrow roadway/noisy/senility
fat
batón... striped robe/She fans/sparks

mantuve... I was firmly convinced

de... of a very different sort/linden trees

removed, stolen

Al... At the bottom of the intersection were looming

straight
vino... came down upon us

llena de hojas de música. En una de ellas, dentro de un óvalo, una muchachita rubia sonreía. Le pedí a mi madre que me comprara
40   esa hoja, pero no prestó atención y seguimos camino. Yo llevaba los ojos muy abiertos. Hubiera querido no solamente mirar todos los rostros que pasaban junto a mí, sino tocarlos, olerlos, tan maravillosamente distintos me parecían. Muchas personas llevaban paquetes, bolsas, canastos° y toda suerte de objetos   baskets
45   seductores y misteriosos. En la aglomeración, un obrero cargado de un colchón° desarregló el sombrero de mi madre. Ella rió, diciendo: mattress
　　　　—¡Por Dios, esto es como en la China!
　　　　Seguimos calle abajo. Era difícil eludir los charcos° en la acera   puddles
resquebrajada.° Al pasar frente a una cocinería, descubrí que su   cracked
50   olor mezclado al olor del impermeable de mi madre era grato. Se me antojaba poseer cuanto mostraban las vitrinas. Ella se horrorizaba, pues decía que todo era ordinario o de segunda mano. Cientos de floreros de vidrio empavonado, con medallones de banderas y flores. Alcancías° de yeso en forma de gato, pintadas de magenta y plata.   money boxes
55   Frascos llenos de bolitas multicolores. Sartas° de tarjetas postales y   strings
trompos.° Pero sobre todo me sedujo una tienda tranquila y limpia,   spinning tops
sobre cuya puerta se leía en un cartel «Zurcidor Japonés».
　　　　No recuerdo lo que sucedió con el asunto de los cubiertos. Pero el hecho es que esta calle quedó marcada en mi memoria como algo
60   fascinante, distinto. Era la libertad, la aventura. Lejos de ella, mi vida se desarrollaba simple en el orden de sus horas. El «Zurcidor Japonés», por mucho que yo deseara,° jamás remendaría mis   por... no matter how much I wished it (wearing) starched (clothes)
ropas. Lo harían pequeñas monjitas almidonadas° de ágiles dedos. En casa, por las tardes, me desesperaba pensando en «China»,
65   nombre con que bauticé esa calle. Existía, claro está, otra China. La de las ilustraciones de los cuentos de Calleja*, la de las aventuras de Pinocho. Pero ahora esa China no era importante.
　　　　Un domingo por la mañana tuve un disgusto con mi madre. A manera de venganza° fui al escritorio y estudié largamente un plano   A... Seeking revenge
70   de la ciudad que colgaba de la muralla. Después del almuerzo mis padres habían salido, y las empleadas tomaban el sol primaveral en el último patio. Propuse a Fernando, mi hermano menor:
　　　　—¿Vamos a «China»?
　　　　Sus ojos brillaron. Creyó que íbamos a jugar, como tantas

*Escritor español famoso por su colección de cuentos para niños.

75 veces, a hacer viajes en la escalera de tijera° tendida bajo el naranjo,   **la...** folding ladder
o quizás a disfrazarnos de orientales.

      —Como salieron—dijo—, podemos robarnos cosas del cajón
de mamá.

      —No, tonto—susurré—, esta vez vamos a «China».

80   Fernando vestía mameluco° azulino y sandalias blancas. Lo   overalls
tomé cuidadosamente de la mano y nos dirigimos a la calle con
que yo soñaba. Caminamos al sol. Ibamos a «China», había que
mostrarle el mundo, pero sobre todo era necesario cuidar de los
niños pequeños. A medida que° nos acercamos, mi corazón latió°   **A...** As we/beat
85 más aprisa. Reflexionaba que afortunadamente era domingo por la
tarde. Había poco tránsito, y no se corría peligro al cruzar de una
acera a otra.

      Por fin alcanzamos la primera cuadra de mi calle.

      —Aquí es—dije, y sentí que mi hermano se apretaba a mi
90 cuerpo.

      Lo primero que me extrañó fue no ver letreros luminosos, ni
azules, ni rojos, ni verdes. Había imaginado que en esta calle
mágica era siempre de noche. Al continuar, observé que todas las
tiendas habían cerrado. Ni tranvías amarillos corrían. Una terrible
95 desolación me fue invadiendo. El sol era tibio, tiñendo° casas y   dying
calles de un suave color de miel.° Todo era claro. Circulaba muy   honey
poca gente, ésta a paso lento y con las manos vacías, igual que
nosotros.

      Fernando preguntó:
100   —¿Y por qué es «China» aquí?

      Me sentí perdido. De pronto, no supe cómo contentarlo. Vi
decaer° mi prestigio ante él, y sin una inmediata ocurrencia genial,   decline
mi hermano jamás volvería a creer en mí.

      —Vamos al «Zurcidor Japonés»—dije—. Ahí sí que es
105 «China».

      Tenía pocas esperanzas de que esto lo convenciera. Pero
Fernando, quien comenzaba a leer, sin duda lograría deletrear° el   to spell
gran cartel desteñido que colgaba sobre la tienda. Quizás esto
aumentara su fe. Desde la acera de enfrente,° deletreó con   **la...** the opposite sidewalk
110 perfección. Dije entonces:

      —Ves, tonto, tú no creías.

      —Pero es feo—respondió con un mohín.°   grimace

      Las lágrimas estaban a punto de llenar mis ojos, si no sucedía

algo importante, rápida, inmediatamente. ¿Pero qué podía
115 suceder? En la calle casi desierta, hasta las tiendas habían tendido
párpados° sobre sus vitrinas. Hacía un calor lento y agradable.

     —No seas tonto. Atravesemos para que veas—lo animé, más
por ganar tiempo que por otra razón. En esos instantes odiaba a
mi hermano, pues el fracaso total era cosa de segundos.
120   Permanecimos detenidos ante la cortina metálica del
«Zurcidor Japonés». Como la melena° de Lucrecia, la nueva
empleada del comedor, la cortina era una dura perfección de
ondas.° Había una portezuela° en ella, y pensé que quizás ésta
interesara a mi hermano. Sólo atiné a decirle:
125   —Mira…—y hacer que la tocara.

     Se sintió un ruido en el interior. Atemorizados, nos quitamos
de enfrente, observando cómo la portezuela se abría. Salió un
hombre pequeño y enjuto,° amarillo, de ojos tirantes, que luego
echó cerrojo a° la puerta. Nos quedamos apretujados° junto a un
130 farol, mirándole fijamente el rostro. Pasó a lo largo° y nos sonrió. Lo
seguimos con la vista hasta que dobló por la calle próxima.

     Enmudecimos. Sólo cuando pasó un vendedor de algodón de
dulce salimos de nuestro ensueño. Yo, que tenía un peso, y además
estaba sintiendo gran afecto hacia mi hermano por haber logrado
135 lucirme ante él, compré dos porciones y le ofrecí la maravillosa
sustancia rosada. Ensimismado,° me agradeció con la cabeza y
volvimos a casa lentamente. Nadie había notado nuestra ausencia.
Al llegar Fernando tomó el volumen de «Pinocho en la China» y se
puso a° deletrear cuidadosamente.
140   Los años pasaron. «China» fue durante largo tiempo como el
forro° de color brillante en un abrigo oscuro. Solía volver con la
imaginación. Pero poco a poco comencé a olvidar, a sentir temor
sin razones, temor de fracasar allí en alguna forma. Más tarde,
cuando el Pinocho dejó de interesarme, nuestro profesor de boxeo
145 nos llevaba a un teatro en el interior de la calle: debíamos aprender
a golpearnos no sólo con dureza, sino con técnica. Era la edad de
los pantalones largos recién estrenados y de los primeros cigarrillos.
Pero esta parte de la calle no era «China». Además «China» estaba
casi olvidada. Ahora era mucho más importante consultar en el

Glosses (right margin):

eyelids (refers to the curtains)

mane

waves / small door

skinny

echó… he bolted / squeezed together
Pasó… He walked past us

pensive, absorbed in thought

se… he began to

lining

150 «Diccionario Enciclopédico» de papá las palabras que en el colegio
los grandes murmuraban entre risas.

Más tarde ingresé a la Universidad. Compré gafas de marco
oscuro.

En esa época, cuando comprendí que no cuidarse mayormente
155 del largo del cabello era signo de categoría, solía volver a esa calle.
Pero ya no era mi calle. Ya no era «China», aunque nada en ella
había cambiado. Iba a las tiendas de libros viejos, en busca de
volúmenes que prestigiaran mi biblioteca y mi intelecto. No veía
caer la tarde sobre los montones de fruta en los kioscos, y las
160 vitrinas, con sus emperifollados° maniquíes de cera, bien podían
no haber existido.° Me interesaban sólo los polvorientos estantes
llenos de libros. O la silueta famosa de algún hombre de letras
que hurgaba° entre ellos, silencioso y privado. «China» había
desaparecido. No recuerdo haber mirado ni una sola vez en toda
165 esta época el letrero del «Zurcidor Japonés».

Más tarde salí del país por varios años. Un día, a mi vuelta,°
pregunté a mi hermano, quien era a la sazón° estudiante en la
Universidad, dónde se podía adquirir un libro que me interesaba
muy particularmente, y que no hallaba en parte alguna. Sonriendo,
170 Fernando me respondió:

—En «China»...

Y yo no comprendí.

dressed up
bien... they might as
well have never
existed
was rummaging

a... once I got back
a... at that time

DESPUES DE LEER

¿Qué pasó?
Conteste las preguntas siguientes.

1. ¿Cómo era la familia del narrador? ¿Cómo lo sabemos?
2. ¿Cómo era la calle donde vivía el narrador?
3. ¿Por qué fue a «la otra calle»?
4. ¿Cuál fue la impresión de la madre? ¿la del narrador?

5. De todos los establecimientos, ¿cuál fue el más atrayente para el narrador? ¿Por qué?

6. ¿Qué hizo el narrador después del disgusto con su madre?

7. ¿Por qué las palabras del narrador «reflexionaba que afortunadamente era domingo por la tarde» resultan irónicas?

8. ¿Qué diferencias hay entre la primera experiencia del narrador en «China» y la segunda?

9. ¿Tiene éxito el narrador? ¿Cómo?

10. ¿Qué quiere decir el narrador con « ‹China› fue durante largo tiempo como el forro de color brillante en un abrigo oscuro»?

11. ¿Qué nuevos intereses sustituyeron a «China»?

12. ¿Por qué cree usted que el hermano menor del narrador todavía se acuerda de «China» cuando el narrador ya la ha olvidado?

¿Cuándo pasó?

Enumere las acciones en orden cronológico, como debieron haber ocurrido en la realidad.

_____ Un obrero desarregla el sombrero de la madre del narrador.

_____ El narrador y su hermano van a «China».

_____ Pasan los años y el narrador olvida el episodio.

_____ El narrador y su madre van a buscar unos cubiertos desaparecidos.

_____ El narrador tiene un disgusto con su madre y quiere vengarse.

_____ El narrador necesita un libro y su hermano le dice que puede encontrarlo en «China».

_____ El narrador se sorprende de ver una sección desconocida de la ciudad.

_____ El narrador desea comprar todas las cosas que ve en las vitrinas.

_____ La madre del narrador exclama que le parece que está en la China.

_____ El hermano del narrador se convence de que están en China cuando ve al hombre de apariencia oriental que sale de una de las tiendas.

En otras palabras

A. Definiciones. Defina con una frase:

1. de segunda mano
2. charlatán
3. bufanda
4. tranvía
5. cubiertos (unos)
6. casa de empeños
7. vitrina
8. colchón
9. charco
10. alcancía
11. trompo
12. zurcidor
13. bautizar
14. venganza
15. disfrazarse
16. deletrear
17. párpados
18. grandes (los)
19. biblioteca
20. maniquí

B. ¿Recuerda el sinónimo?　Escoja el número correspondiente.

1.　muro	＿＿＿ piel
2.　bullicio	＿＿＿ roja
3.　tez	＿＿＿ vejez
4.　letrero	＿＿＿ robar
5.　ilustraciones	＿＿＿ rota
6.　escarlata	＿＿＿ mapa
7.　angosta	＿＿＿ meditar
8.　estruendosa	＿＿＿ dibujos
9.　senectud	＿＿＿ cartel
10.　ocurrencia	＿＿＿ pared
11.　reflexionar	＿＿＿ pelo
12.　resquebrajada	＿＿＿ entrar
13.　plano	＿＿＿ estrecha
14.　melena	＿＿＿ ruido
15.　enmudecer	＿＿＿ zurcir
16.　ingresar	＿＿＿ encontrar
17.　kioscos	＿＿＿ ruidosa
18.　hallar	＿＿＿ puestos
19.　sustraer	＿＿＿ callar
20.　remendar	＿＿＿ idea

C. ¿Recuerda el antónimo?　Escoja el número correspondiente.

1.　aprisa	＿＿＿ sombra
2.　doble	＿＿＿ despacio
3.　agitada	＿＿＿ claridad
4.　áspera	＿＿＿ privada
5.　oscuridad	＿＿＿ enjuto
6.　grueso	＿＿＿ odio

7. pública   _____ sencillo

8. avanzar   _____ suave

9. silencioso   _____ desagradable

10. afecto   _____ tranquila

11. luz   _____ detenerse

12. grato   _____ estruendoso

D. ¿Qué palabra falta?   Complete las oraciones con la palabra adecuada de la lista siguiente.

bullicio	convencer	empleada	plano
calle	cubiertos	librerías	tiendas
casa de empeños	deletrear	lucirse	vitrinas

La madre del narrador sospechaba que una _____ había robado los _____ y los había llevado a una _____ para recibir dinero por ellos. El acompañó a su madre a una _____ desconocida de la ciudad, donde había _____, muchas _____ con _____ muy atractivas y mucho _____. Más tarde, él estudió un _____ de la ciudad y fue con su hermano menor a esa sección que tanto lo había impresionado. Su hermano _____ el cartel que decía «Zurcidor Japonés» en la tienda de donde salió un hombre de apariencia oriental. El _____ porque lo _____ de que estaban en «China».

Parecidas pero diferentes

Complete las oraciones siguientes con las palabras correctas entre paréntesis. Puede consultar el Apéndice A, *Parecidas pero diferentes*, en la página 180, si necesita revisar el significado de las palabras.

1. El personaje del cuento vivía en una calle (callada/tranquila).

2. Todas las casas de su (cuadra/bloque) habían sido construidas más o menos en la misma (época/hora/vez).

3. En una de las calles había muchos (puestos/trabajos) de frutas.

4. El chico no (sabía/conocía) esta parte de la ciudad.

5. El estaba muy sorprendido y quería leer (los letreros/las señales/los signos) que veía en todas partes.

6. Vio a una señora (grosera/gruesa) y a muchas personas (extranjeras/extrañas).

7. Un domingo, cuando sus (padres/parientes) (salieron/salieron de) la casa, el chico (tomó/llevó) a su hermano a «China».

8. Nadie en la casa (se dio cuenta/realizó) y ellos se fueron (solos/solitarios).

9. El narrador recuerda que (se sentía/sentía) importante (antes/ante) su hermano menor.

10. El (sólo/solo) (pensaba en/pensaba de) impresionar a su hermano menor.

11. El hermano le (pidió/preguntó) por qué aquel lugar era «China».

12. (Como/Porque) él (sabía/conocía) deletrear, pudo leer el (signo/cartel) de la tienda que decía «Zurcidor Japonés».

13. Por fin (pareció/miró/apareció) un hombre (bajo/corto) que (parecía/miraba/aparecía) oriental y el narrador (sucedió/tuvo éxito) porque pudo convencer a su hermano.

14. Ellos (volvieron/devolvieron) a la casa (antes/ante) del anochecer.

15. Cuando el narrador entró en (el colegio/la universidad), empezó a usar (vidrios/gafas) y el pelo (grande/largo), y se olvidó de «China».

Exprese su opinión

Conteste las preguntas siguientes.

1. ¿Tiene usted algún recuerdo especial de algún momento de su niñez? ¿Cuál?

2. Los intereses del narrador cambian con el paso del tiempo y llega a olvidar lo que «China» había sido para él. ¿Recuerda usted algún lugar o algún objeto que era especial para usted cuando era niño y que con el paso del tiempo perdió su importancia?

3. ¿Qué opinión tenía la madre del narrador sobre la China y cómo lo sabemos? ¿Qué otros estereotipos culturales conoce usted?

4. ¿Qué impresión puede causar en un niño oír frases que no tienen un sentido literal sino figurado, como «hablar por los codos,» «costar un ojo de la cara,» «dar gato por liebre»? ¿Sabe usted el equivalente de ellas en inglés? ¿Sabe otras frases en inglés que puedan confundir a una persona que no hable esta lengua?

Tema para crear

Imagine que usted es Fernando, ya adulto. Escríbale una carta a su hermano mayor en la que recuerda su «viaje a China».

10

Ensayo de comedia

Marina Mayoral (España)

ANTES DE LEER

Vocabulario para la lectura.

Estudie las palabras y frases siguientes:

1. **éxito**   *success*   Esta historia podría ser un éxito.
2. **esperanza**   *hope*   A la gente le gusta que las historias acaben bien o, al menos, con esperanza.
3. **fallo**   *defect*   Las terrazas son otro de los fallos de la casa.
4. **jurar**   *to swear*   Juraría que el arquitecto planeó estos pisos como dúplex.
5. **piso**   *apartment* (Spain)   Juraría que el arquitecto planeó estos pisos como dúplex.
6. **disfrutar de**   *to enjoy*   Cada uno de nosotros disfruta de una espléndida vista panorámica.
7. **complacer (complazco)**   *to please, accommodate*   Yo insistí y José Luis me complació.
8. **inquietarse**   *to get uneasy*   No se inquieten.
9. **atónito/a**   *astonished*   Edu estaba atónito y yo un poco avergonzada.
10. **madrugada**   *dawn, early morning*   Eran las dos de la madrugada.
11. **destacar**   *to highlight, to emphasize*   Las escenas de la terraza servirían para destacar su caballerosidad.

12. **chismoso/a** *tattletale*   Alguna vieja chismosa podía ser la nueva vecina.

13. **roncar** *to snore*   Algunas noches lo oigo roncar.

14. **guapo/a** *good-looking*   María Jesús es joven y guapa.

15. **apartarse** *to move away*   Ves tu rostro en el espejo y te apartas horrorizada.

16. **pastilla** *pill*   Por las noches me tomo una pastilla para dormir.

17. **tragar** *to swallow, accept*   Pienso en las viejas actrices que se tragaron su soledad y su cansancio.

¡Vamos a practicar!

Complete las oraciones con la forma adecuada de las palabras o frases de la lista de vocabulario.

1. Esteban se lo contó todo a Isabel: ¡es un _____!

2. En el otoño, por la _____, casi siempre hace frío.

3. De noche no puedo dormir porque mi compañero de cuarto _____.

4. Durante las vacaciones _____ ir a la playa todos los días.

5. El profesor les deseó mucho _____ a sus estudiantes.

6. Los padres tratan de _____ a sus hijos siempre que pueden.

7. El conferenciante _____ la importancia de conservar los recursos naturales.

8. Decidimos vender el coche porque tenía muchos _____.

9. Miguel está _____; no puede creer lo que le dijeron.

10. Mi tía acaba de comprar un _____ en Madrid.

11. Jorge no solamente es _____, sino que también es simpático.

12. Prefiero _____ una _____ en vez de ponerme una inyección.

13. Los médicos están optimistas y nos dieron muchas _____.

14. Ante las posibilidades de una guerra, todas las personas _____.

15. El acusado _____ que diría toda la verdad.

16. Los coches _____ para que la ambulancia pueda pasar.

Sobre la autora

Marina Mayoral *nació en Galicia, España, en 1942. Es profesora de lengua y literatura españolas en la Universidad Complutense de Madrid. Era conocida primero por sus obras de crítica literaria, sobre todo por sus estudios sobre las escritoras Rosalía de Castro y Emilia Pardo Bazán, también gallegas. Ha escrito cuatro novelas en español y tres en gallego. En 1989 publicó su primer libro de cuentos,* Morir en sus brazos, *de donde procede el cuento de esta antología. Tanto en las novelas como en los cuentos, Mayoral se muestra interesada por los problemas que afectan a los seres humanos en la sociedad contemporánea, especialmente a la mujer. Temas como la maternidad frustrada, la incomprensión entre los hombres y las mujeres, la amistad entre las mujeres, el miedo a la vejez, son una manifestación particular de temas tradicionales como el amor, la soledad, la insatisfacción, la libertad y la muerte.*

Usted sabe más de lo que cree

*La experiencia de la lectura debe comenzar desde **el título,** su aspecto más externo. En el caso de un cuento, como el espacio es muy limitado, el autor puede usar esta posición privilegiada para destacar algún aspecto de la* narración, por ejemplo, algún personaje o algún objeto que va a ser importante, así como el lugar donde se desarrolla la acción, o para advertirnos sobre el problema del cuento o su solución.

Considere el título del cuento que usted va a leer a continuación, Ensayo de comedia. ¿En qué piensa usted cuando lee el título y por qué? ¿Qué otras palabras conoce usted que puedan ser sinónimos de la palabra ensayo? ¿Qué expectativas despierta el título en usted? Probablemente empieza a sospechar que el título tiene relación con la profesión del personaje principal y con la solución para su conflicto personal. Algo menos evidente, aunque no menos importante para la comprensión de la lectura, es que el título también anuncia la organización o estructura de la narración. Desde el título es evidente la interferencia de otro género literario, el drama, en la narrativa pues, como notará al leer, la distribución del contenido del cuento está inspirada en la de una obra de teatro. Cuando lea el cuento, piense en una posible explicación para esto.

Preguntas de orientación.

Las preguntas siguientes le ayudarán a comprender mejor el cuento.

1. ¿Qué características formales tiene una obra de teatro que la distinguen de una novela o un cuento?

2. ¿Qué características tiene una comedia que la distinguen de un drama?

3. ¿Por qué personas como los artistas se preocupan por la vejez?

Preguntas de anticipación.

Piense en las preguntas siguientes mientras lee el cuento.

1. ¿Qué relación existe entre Susana y Eduardo?

2. ¿Quién es «el coronel inglés»?

3. ¿Qué consecuencias tiene la aparición de María Jesús?

∞∞∞∞ Ensayo de comedia ∞∞∞∞

Desde que el coronel inglés miró sonriendo y dijo: «hace cinco años», estoy pensando que esto no es un drama, como creía, sino una comedia, a pesar de que Eduardo ya no estará conmigo y a pesar también de esta cara envejecida que me mira desde el espejo.

5   No sé cómo explicarlo. Supongo que muchos pensarán: «las actrices siempre haciendo teatro», pero no es eso, aunque a veces es difícil separar el teatro y la vida. Cuando él dijo aquello yo sentí que era la frase final de la obra y, si se hubieran oído aplausos, creo que no me hubiera sorprendido. Era un final y al mismo tiempo un

10   comienzo, como en las buenas obras de teatro en las que, al caer el telón,° los personajes siguen viviendo aunque nosotros no sepamos   theater curtain
qué ha sido de ellos.

Me gustaría que alguien lo escribiera, lo de estos cinco años. Podría ser un éxito, a la gente le gusta que las historias acaben bien

15   o, al menos, con esperanza. Naturalmente yo sería la protagonista, de eso no hay duda y a Eduardo, por más que en la vida haya representado el papel de galán,° le correspondería un papel   **papel...** the role of
secundario, tendría que salir poco. Eso es algo que los de fuera no   the leading man
podrán entender, como lo de los ascensores, que son lo peor de la

20   casa, la desesperación de los vecinos, porque tardan siglos° y se   **tardan...** they take
quedan parados° con la gente encerrada dentro y, sin embargo, en   forever
la obra serían uno de los decorados más importantes, lo mismo que   **se...** they stop
las terrazas, otro de los fallos de la casa. O sea, que lo que es malo
para la vida es bueno para el teatro y lo que es un final es un

25   comienzo de otra cosa, aunque tampoco se puede decir que siempre sea así. Pero si estoy haciendo el esfuerzo de explicarlo y poner en

orden lo que he vivido en estos últimos cinco años no es para hacer
teatro, sino para entender este papel que me ha tocado vivir,° igual
que intento comprender a Blanche du Bois[1] o a Antígona[2] cuando
30   José Luis me pasa los papeles.

me... I have been
called to play

Ya he dicho que los ascensores son lo peor de la casa, junto
con las terrazas. Juraría que el arquitecto planeó estos pisos como
dúplex y después, probablemente a causa del precio, los dividió
con un artístico tabique.° Así se explica que las terracitas de los
35   dormitorios estén separadas sólo por una estrecha vidriera° y, sobre
todo, que, desde ellas, cada uno de nosotros (el coronel y yo)
disfrutemos de una espléndida vista panorámica sobre la terraza
del salón del otro. En esa terraza de abajo es donde yo tomo el sol
de dos a tres de la tarde, desde el otoño al verano. Hacerlo desnuda
40   es un viejo hábito que no estoy dispuesta a cambiar, aunque hace
ya muchos años que actúo muy vestida.

thin wall, partition
glass window

En cuanto al coronel inglés, ni es coronel ni es inglés. Cuando
lo vimos por primera vez Edu dijo: «parece un coronel inglés». Tiene
el pelo blanco, muy corto y brillante y un gran bigote también
45   blanco. Se le nota° que ha sido rubio. Los ojos, claros; la piel,
tostada° y el cuerpo musculoso y fuerte. Puede tener unos sesenta
años, pero muy bien llevados. Después supimos que es escritor y
yo incluso me compré una novela suya de la que hablaban en el
periódico. Es una novela de espionaje muy complicada, que no
50   entendí muy bien porque tengo poco tiempo para leer y al ser de
mucho enredo° me perdía, pero me pareció que estaba bien escrita.
Como la novela pasaba° en Londres y él tiene ese aspecto, pues
seguimos llamándolo «el coronel inglés», aunque ya sabíamos que
no era inglés ni coronel sino escritor.

Se... One can tell
tanned

al... since its plot was
very complicated
took place

55   En el primer acto tendría que situarse la escena en que
Eduardo y yo nos quedamos encerrados en el ascensor. Edu tenía
entonces veinticuatro años y aquél era su primer papel importante,
quiero decir el que yo le había dado en *Bodas de sangre*.[3] Era un
poco demasiado joven para el papel y, además, José Luis decía que
60   no daba el tipo,° quería a alguien más agresivo y agitanado° y Edu
siempre ha tenido un aspecto soñador y romántico. Yo insistí y
José Luis transigió° por complacerme, pero le tuvo siempre un poco

no... he was not cut
out for it/
gypsylike
compromised

---

[1]**Blanche...** Personaje de la obra de teatro *A Streetcar Named Desire* (1947), escrita por Tennessee Williams.
[2]Figura mítica y personaje de la tragedia clásica del mismo nombre escrita por el dramaturgo griego Sófocles aproximadamente en el año 441 a.C.
[3]***Bodas...*** Obra de teatro del escritor español Federico García Lorca (1899–1936), escrita en 1933.

enfilado.° Se empeñó en° que le echaba demasiado realismo a las escenas de amor, pero la verdad es que hasta entonces no había
65 habido nada entre nosotros. Yo me daba cuenta de que le gustaba, pero veinte años, veintiuno, son muchos años de diferencia y yo no quería enredarme° con un chico tan joven, ésa es una historia que siempre sale mal.° Aquella noche venía a casa a tomar algo después de la función y nos quedamos encerrados a la altura de mi piso.
70 Pasaba tiempo y tiempo y no aparecía nadie y yo empecé a ponerme histérica porque me parecía que se acababa el aire. Edu me abrazó para tranquilizarme y también me besó; era la primera vez. A ratos nos besábamos y a ratos aporreábamos° la puerta. Así se pasó más de media hora. Fue el coronel inglés quien oyó nuestros golpes. «No
75 se inquieten—dijo—. Ahora mismo los saco de ahí». Oímos unos ruidos metálicos, el ascensor subió un poco y al fin pudimos abrir la puerta. El coronel inglés estaba encaramado a° una escalera con una bata de seda, una especie de destornillador° o punzón° en la mano y una pipa entre los dientes. Aquello podría ser el final del
80 acto primero: él en lo alto de la escalera, con un gesto entre curioso y divertido, Edu atónito mirándolo como si fuera Dios Padre y yo un poco avergonzada, porque el coronel me miraba los botones desabrochados° de la blusa y también miraba a Edu y veintún años son muchos años y eran las dos de la madrugada.
85   Las escenas de la terraza servirían para destacar su caballerosidad y la índole especial de nuestras relaciones de vecindad. Cuando vi el camión de las mudanzas° me eché a temblar: una familia con niños, por ejemplo, o alguna vieja chismosa podía haber sido horrible. Afortunadamente, llegó él solo. Lo vi una
90 mañana al levantarme. Regaba° las plantas de la terraza de su salón y al oír las puertas correderas° de mi dormitorio levantó la cabeza y me hizo un gesto de saludo. Al día siguiente se invirtieron los papeles, yo tomaba el sol—desnuda, como ya he dicho—en mi terraza y oí que se abrían las puertas de su dormitorio. Casi
95 inmediatamente volvieron a cerrarse y así han seguido, de dos a tres de la tarde, durante estos cinco años. Creo que es un gesto al antiguo estilo, muy de caballero, aunque yo también he tenido gestos así con él, quiero decir de ese buen estilo, un poco demodé,° que ya no es frecuente encontrar, ni en las relaciones de vecinos ni
100 en las otras. Por ejemplo: nunca lo miro cuando está escribiendo, a pesar de que siento curiosidad y me gustaría hacerlo. Cuando yo

(margin glosses)

le... he could hardly bear him
Se... He insisted on

to have an affair
sale... goes wrong

we would bang on

encaramado... climbed upon
screwdriver/pick

unfastened

camión... moving van

He was watering
sliding

outdated

me levanto él está escribiendo en su terraza, sentado de cara a la sierra, con un montón de folios sobre la mesa sujetos por un cenicero° y con varias plumas y bolígrafos al lado. Nunca se vuelve
105   al oír que yo abro las puertas, pero tampoco escribe, se queda quieto fumando la pipa y mirando a lo lejos. Supongo que le molesta que lo miren, a algunas personas les pasa y, aunque es algo que me cuesta entender,° lo respeto, por eso bajo enseguida al salón y hago ruido—arrastro° una silla o coloco la tumbona°—para que él sepa
110   que no estoy observándolo.

Todo esto sería el segundo acto y es difícil de contar porque no hubo ningún suceso destacado, sólo esos pequeños gestos cotidianos y lo que yo llamo los ruidos involuntarios. Los dos somos discretos y silenciosos, pero en este dúplex vergonzante es difícil no
115   saber de la vida del otro. Yo oigo entre sueños su despertador muy temprano, hacia las siete y en seguida la ducha. Poco después de la una, cuando yo me estoy levantando, él deja de escribir y sale a hacer deporte: footing,° tenis y natación; veo la ropa colgada en la terraza de la cocina. Por la tarde coincidimos muchas veces en el
120   ascensor o en la escalera cuando estas dichosas máquinas no funcionan. Yo voy al teatro y él al periódico, eso me lo ha dicho el conserje.° Nunca lo he visto con una mujer, pero hay que tener en cuenta que yo, excepto los lunes, vuelvo a casa a las dos de la madrugada y a esa hora él está durmiendo plácidamente. Algunas
125   noches lo oigo roncar. Yo, por mi parte, procuro° no hacer ruido y cuando empecé con Edu pensé incluso en cambiar el dormitorio a otra habitación, pero, la verdad, nunca creí que lo de Edu fuera a durar tanto, y un día por otro lo fui dejando...

El tercer acto es cuando aparece María Jesús. Yo, al comienzo,
130   no le di importancia, no más que a cualquier otra de las que aparecieron en estos cinco años. Es joven, guapa, con ganas de destacar: ni mejor ni peor que todas las demás. Yo soy Susana Alba, la mejor, en esto no vamos a andar con subterfugios. Soy la mejor actriz y seguiré siéndolo aún muchos años. He trabajado con los
135   mejores directores de Europa, he tenido premios en los Festivales de todo el mundo. Tengo cincuenta años... De pronto un día lo notas. Es algo estúpido, tienes sólo un día más que ayer que te sentías llena de vida, que sentías que ese chico de veintinueve años te quiere, está enamorado de ti. Y de pronto te sientes vieja, te miras
140   en el espejo y te ves vieja: un rostro que no reconoces, que no es el

---

ashtray

algo... something I find difficult to understand
I haul/deckchair

jogging

building superintendent

I try

tuyo. Te apartas horrorizada, buscas una sombra cómplice para echar desde allí una nueva ojeada° al espejo, y en la penumbra° sí, te encuentras otra vez, eres Susana Alba: el perfil griego, los ojos rasgados,° la boca sensible... Te acercas y desde la sombra va
145 surgiendo otra vez una mujer que no quieres reconocer, una cara pálida y cansada, con la piel surcada° de finas arrugas,° con bolsas bajo los ojos; la cara de una vieja. Piensas que tendrás que acostumbrarte a esa imagen, que es posible que a ratos reaparezca aún la antigua, una imagen fijada° en cientos de fotos y carteles que
150 reproducen tu rostro de siempre, el tuyo, el que no debía variar, pero que cada día se irá imponiendo el nuevo, ése que ahora te mira desde el espejo; el rostro de una mujer que ha tomado una decisión...

     Es algo que de repente ves, pero que viene incubándose desde
155 mucho tiempo atrás. Quizá desde que revelé° las fotos del viaje a Grecia. Eduardo me había puesto mi pañuelo blanco por la cabeza: «como una vestal°». Supongo que también habría vestales viejas, pero uno nunca se las imagina así. Eran unas bonitas fotos, a pleno día, con el fondo de la Acrópolis... y se me podían contar las arrugas
160 una por una. Le dije que se había velado el carrete.° Después vinieron muchos días observándolo en los ensayos, viendo cómo miraba a María Jesús cuando se quitaba la túnica: tiene unos pechos preciosos, erguidos y redondos y un bonito color de piel. Al fin, una mañana en casa abres la ventana y a la luz del día te miras
165 en el espejo. Esa misma tarde se lo dije a José Luis: «quiero que te lleves a Eduardo a la gira».° Nos conocemos desde hace muchos años y no hizo comentarios. Esa noche, mientras tomábamos nuestro vaso de leche después del ensayo, me dio una palmada° en el hombro: «estás mejor que nunca, Susana; sigues siendo única».
170 Es una buena persona José Luis, aunque a veces discutamos. Se fueron de gira hace dos semanas. «Hablaremos a mi vuelta», dijo Edu, pero todo está hablado, cuando vuelva dentro de tres meses no hará falta hablar.

     Desde que él se fue he trabajado a tope° y por las noches me
175 tomo una pastilla para dormir. Lo peor es ese rato de dos a tres en que cierro los ojos y me tumbo a tomar el sol en la terraza. Cierro los ojos y vuelvo a ver la cara de Edu, ese rostro que ha madurado junto a mí, que en cinco años se ha hecho más firme sin perder la gracia de la juventud... Saber que nunca más veré brillar el deseo

glance/dimness

almond

furrowed/wrinkles

fixed

I developed

virgin priestess

se... the film roll was blurred

tour

tap

he... I have been working too much

180 en sus ojos, recordar la ansiedad con que buscaba los míos, y el
pequeño consuelo de no haber visto en ellos el aburrimiento o la
compasión. —«¿Por qué quieres que me vaya, Susana? ¿Te has
enamorado de otro?»—. El mejor papel de mi vida, el más difícil.
—«Tú te has enamorado de otra y aún no te has dado cuenta»—.

185 Sonreír, acariciarle° la mejilla acallando sus protestas, empujarlo a   to caress
marchar sabiendo que es el final, que lo único que puedo hacer es
acabar ahora y hacerlo bien, dejando un buen recuerdo, antes de
que lleguen las mentiras y el cansancio y el cerrar los ojos mientras
piensa que es otra la que está en sus brazos... Saber que no era sólo

190 admiración, que no era interés, que me quiso de verdad y fue feliz
a mi lado, tan joven y tan guapo, nunca más alguien así, de buen
actor que lo mismo hubiera triunfado sin mi ayuda. Saber que es
el final y el comienzo de un largo descenso. Apretar los ojos
pensando en todas las viejas actrices que han seguido en la brecha,°   han... have remained
                                                                         at it
195 tragándose su soledad y su cansancio y sentir que las lágrimas me
salen sin querer a través de los párpados apretados y que empieza
a dolerme la cabeza y que esta noche, como todas las noches,
sonreiré a los aplausos y a ese señor que me echa un clavel° desde   que... who throws me
                                                                       a carnation
la fila primera, y me volveré a casa en cuanto acabe porque estoy

200 demasiado cansada, y me volveré sola... Entonces me digo a mí
misma que no vale de nada darle vueltas,° me limpio los ojos, salto   no... it is no use
                                                                       worrying about it
de la tumbona y me ducho con el agua a toda presión. Como me
sobran diez minutos me visto con calma y no me pinto porque ya
lo haré en el teatro.

205   Al salir me encuentro al coronel inglés en el rellano,° mirando   landing
resignadamente el botón rojo del ascensor. Sonríe al verme, yo
también: «¿Hace mucho que espera?». Acentúa la sonrisa. «Hace
cinco años». Lo miro sorprendida. Estoy sin maquillar° y con los   sin... without makeup
                                                                      me... hits me full (in
ojos de haber llorado. La luz de la ventana del patio me da de lleno.°   the face)
                                                                      crack
210 El ascensor se para con un chasquido,° él abre la puerta y me hace
un gesto con la mano sin dejar de mirarme sonriente. Yo también
lo miro: es un hombre fuerte, bien conservado y atractivo. Conozco
muchos de sus gustos y sus pequeñas manías,° es un caballero,   idiosyncrasies
vive solo y está esperando. Desde hace cinco años. Siento que los

215 ojos se me llenan de lágrimas y bajo la cabeza al entrar en el
ascensor. Creo que en ese momento el telón debe comenzar a caer...

DESPUES DE LEER

¿Qué pasó?

Conteste las preguntas siguientes.

1. ¿Cuáles son los fallos de la casa donde vive Susana?

2. ¿Por qué dice ella que son fallos?

3. ¿Cuál es el trabajo de Susana? ¿el de su vecino?

4. ¿Cómo ayudó Susana a Eduardo en su trabajo?

5. ¿Por qué Susana y Eduardo se refieren al vecino de Susana como «el coronel inglés» antes de conocerlo? ¿Por qué continúan llamándolo así después?

6. ¿Cuáles son las manías de Susana? ¿las de su vecino?

7. ¿Quién es María Jesús?

8. ¿Por qué Susana no le mostró las fotos del viaje a Grecia a Eduardo? ¿Cuál fue su excusa?

9. ¿Por qué Susana prefiere que Eduardo se vaya de gira?

10. ¿Qué significado tienen las palabras finales del vecino de Susana?

¿Cuándo pasó?

Enumere las acciones en orden cronológico, como debieron haber ocurrido en la realidad.

_____ Susana piensa que Eduardo está enamorado de otra de las actrices.

_____ Susana trabaja mucho y se siente sola.

_____ Eduardo representa el papel de galán porque Susana insistió con el director.

_____ Un hombre que parece un coronel inglés se muda al piso que está al lado del piso de Susana.

_____ Susana compra una de las novelas escritas por su vecino.

_____ Susana se siente vieja de pronto.

_____ Susana se encuentra con su vecino mientras él espera el ascensor.

_____ Eduardo y Susana están encerrados en el ascensor y el vecino de Susana los ayuda a salir.

_____ Eduardo se va de gira con la compañía de teatro.

_____ Susana respeta las costumbres de su vecino y él las de ella.

En otras palabras

A. Vocabulario especial.   Haga una lista de todas las palabras relacionadas con el teatro que aparecen en el cuento.

B. Definiciones.   Defina con una frase:

1. comedia

2. ascensor

3. protagonista

4. terraza

5. novela de espionaje

6. galán

7. gira (irse de)

8. telón

C. ¿Recuerda el sinónimo?   Escoja el número correspondiente.

1. piso	_____ diarios
2. fallos	_____ subido
3. enredo	_____ apartamento
4. encaramado	_____ tratar
5. folios	_____ bonita
6. cotidianos	_____ regreso
7. guapa	_____ defectos
8. vuelta	_____ complicación
9. procurar	_____ papeles

D. ¿Qué palabra falta?   Complete las oraciones con la palabra adecuada de la lista siguiente.

actriz	complacer	éxito	parecer
arrugas	despertador	galán	piso
ascensor	envejecer	gira	terraza
carrete	escritor	madrugada	velar

La narradora del cuento es una _____ que tenía mucho

_____. Su amigo era el _____ porque el director la _____

y le dio ese papel. Ahora él estaba en una _____. Ella vivía en un

_____ cuyo _____ estaba defectuoso. Su vecino era

_____ pero _____ un coronel inglés. A ella la gustaba tomar el sol

en la _____. A veces ella llegaba por la _____ y temprano

escuchaba el _____ de su vecino. Ella sabía que comenzaba

a _____ y recordaba que no le había mostrado unas fotos a su amigo

porque tenía muchas _____. El creía que el _____ se

había _____.

Parecidas pero diferentes

Complete las oraciones siguientes con las palabras correctas entre paréntesis. Puede consultar el Apéndice A, *Parecidas pero diferentes*, en la página 180, si necesita revisar el significado de las palabras.

1. El ascensor del edificio donde vivía Susana no (trabajaba/funcionaba) bien y nadie venía a (arreglarlo/fijarlo).

2. Susana se alegra cuando el coronel se (mueve/muda) al piso vecino porque prefiere a un hombre (quieto/tranquilo).

3. Un día el vecino (logró/sucedió) abrir la puerta del ascensor para sacar a Susana.

4. Ella estaba (avergonzada/embarazada) porque tenía los botones de la blusa desabrochados.

5. El vecino (miraba/parecía/aparecía) un hombre (solitario/sólo).

6. A Susana le gustaba (pasar/gastar) una hora en su terraza tomando el sol.

7. Cuando ella estaba (sentada/sentándose) en la terraza, el coronel (quedaba/se quedaba) dentro del piso.

8. El era escritor y cuando (sabía/conocía) que ella lo miraba, no escribía.

9. Susana (tenía éxito/sucedía) en el teatro.

10. Un señor siempre (atendía/asistía a) las representaciones de Susana y le tiraba un clavel.

11. Por influencia de ella, José Luis (deja/sale) que Edu (juegue/haga) el papel de galán de *Bodas de sangre.*

12. Susana cree que Edu está enamorado de María Jesús (desde/desde que/ya que/como) ella es más joven.

13. (Antes de/Ante) ese momento, Susana ya (se había dado cuenta de/había realizado) que se estaba (poniendo/volviendo) vieja.

14. (La primera vez/El primer tiempo) fue después del viaje a Grecia.

15. Cuando Edu se va de gira, Susana lo (falta/extraña/pierde) y (se aplica a/solicita) trabajar más que nunca.

16. El coronel (duró/tardó) cinco años en decirle a Susana que estaba interesado en ella.

Exprese su opinión
Conteste las preguntas siguientes.

1. ¿Qué ejemplos hay en el cuento de que las personas tienen la costumbre de juzgar por las apariencias? ¿Qué opina usted sobre esto?

2. ¿Cómo influye la profesión de Susana en el análisis que hace de su situación? ¿Conoce usted a alguien que identifique su vida personal con su vida profesional al extremo de no poder separarlas? Dé ejemplos.

3. ¿Tiene usted manías? ¿Cuáles son y cómo afectan la vida de otras personas?

4. ¿Por qué dice Susana que el final «era un final y al mismo tiempo un comienzo»? ¿Qué cree usted que les sucederá después a los personajes del cuento?

5. ¿Acaba bien esta historia? ¿Por qué?

Tema para crear

¿Cuál es la actitud de las personas ante la vejez? ¿Por qué? ¿Qué opina usted sobre esto? Escriba una composición sobre este asunto.

11

Los pocillos

Mario Benedetti (Uruguay)

ANTES DE LEER

Vocabulario para la lectura.

Estudie las palabras y frases siguientes:

1. **pocillo**   *small cup*   Los pocillos habían sido un regalo de Enriqueta.
2. **rasgo**   *trait*   Mariana, en un discreto rasgo de independencia, había decidido que usaría cada pocillo con su plato del mismo color.
3. **ciego/a**   *blind*   Pensó que aquellos ojos no parecían de ciego.
4. **pulgar (el)**   *thumb*   El pulgar hizo girar varias veces la ruedita del encendedor, pero la llama no apareció.
5. **llama**   *flame*   El pulgar hizo girar varias veces la ruedita del encendedor, pero la llama no apareció.
6. **estallar**   *to explode*   El infortunio estalló y él se negó a refugiarse en ella.
7. **amparo**   *protection*   El se había negado a valorar su amparo.
8. **testarudo/a**   *stubborn*   Todo su orgullo se concentró en un silencio terrible, testarudo.
9. **menospreciar**   *to despise, look down on*   El menospreciaba su protección.
10. **ternura**   *tenderness*   Mariana había dejado que él la envolviera en su ternura.
11. **no caber duda de**   *to be no doubt about*   Ella seguía siendo eficiente, de eso no cabía duda.

12. **desalentado/a**   *discouraged*   Ella había llorado, desalentada, torpemente triste.
13. **sacar del apuro**   *to get someone out of trouble*   Ella hablaba con él, o simplemente lo miraba, y sabía de inmediato que él la estaba sacando del apuro.
14. **apagar**   *to extinguish, turn off*   Apagó la llamita con la tapa de vidrio.
15. **tapa**   *lid*   Apagó la llamita con la tapa de vidrio.
16. **vidrio**   *glass*   Apagó la llamita con la tapa de vidrio.

¡Vamos a practicar!

Complete las oraciones con la forma adecuada de las palabras o frases de la lista de vocabulario.

1. Roberto es muy _____ y no escucha consejos.

2. La madre abrazó al hijo con _____.

3. La bomba _____ y mató a tres personas.

4. Si tienes problemas, debes hablar con tus padres. Los padres siempre _____ a los hijos.

5. Compré estos vasos porque son de un _____ muy resistente.

6. Un _____ es una especie de taza, pero más pequeña.

7. La perra de mi amiga es muy vieja y está _____.

8. Las _____ se extendieron y fue muy difícil _____ el fuego.

9. Los psicólogos estudian los _____ de la personalidad.

10. Según la policía, _____ que la misma persona cometió los dos crímenes.

11. Pedro está _____ porque sacó mala nota en el examen.

12. Sara _____ a todos los que no piensan como ella.

13. Nunca olvidaré que ella me ofreció su _____ cuando lo necesité.

14. Levantamos el _____ para indicar que aprobamos algo.

15. La _____ no cierra herméticamente y todo el líquido se evaporó.

Sobre el autor ⟐⟐⟐⟐⟐⟐⟐⟐⟐⟐⟐⟐⟐⟐⟐⟐⟐⟐⟐⟐⟐⟐⟐⟐⟐⟐⟐⟐⟐⟐⟐⟐⟐⟐⟐

Mario Benedetti *nació en Paso de los Toros, un pueblecito de Uruguay, en 1920. Cuando tenía cuatro años se mudó a la capital, donde vive la mitad de la población del país. La vida cotidiana de las personas comunes de la ciudad, especialmente de Montevideo, aparece con frecuencia en su obra. Este es el caso de su libro de cuentos* Montevideanos *(1959), al que pertenece el cuento seleccionado. Aunque Benedetti es más conocido por sus cuentos, ha cultivado todos los géneros y ha sido premiado muchas veces, entre ellas con el Premio del Ministerio de Educación Pública en tres ocasiones. El régimen militar que comenzó en 1973 prohibió sus obras y Benedetti, observador penetrante y crítico de la realidad social y política, tuvo que salir del país. Durante el exilio vivió en Argentina, Perú, Cuba y España. Después de la llegada de un nuevo gobierno, ha vuelto a vivir en Montevideo, aunque acostumbra pasar temporadas en Madrid.*

Usted sabe más de lo que cree

Cuando lea el próximo cuento notará que abunda **el diálogo***. Tendrá la oportunidad de «escuchar» a los personajes mismos en una conversación informal, durante la visita habitual de una tarde como otra cualquiera. Algunas veces se identifica al personaje que está hablando, como en los siguientes ejemplos:*

«El café ya está pronto. ¿Lo sirvo?», preguntó Mariana.

José Claudio contestó: «Todavía no. Esperá un ratito. Antes quiero fumar un cigarrillo.» (línea 9)

Otras veces es posible deducirlo por el contexto. Observe el comienzo del próximo párrafo:

La mano de José Claudio empezó a moverse, tanteando el sofá. «¿Qué buscás?» preguntó ella. «El encendedor.» «A tu derecha.» (línea 15)

> ¿Quién contesta «el encendedor»? ¿Quién contesta «a
> tu derecha»? Mientras lee el cuento asegúrese de que en
> todo momento sabe a quién le pertenecen las palabras.

Preguntas de orientación.

Las preguntas siguientes le ayudarán a comprender mejor el cuento.

1. ¿Qué condiciones físicas conoce usted que les hacen más difícil a las personas realizar ciertas actividades diarias?

2. Se dice que una persona que no puede contar con alguno de sus sentidos lo compensa dependiendo más de otro. ¿Qué sabe usted sobre esto?

3. ¿Qué quiere decir la frase «triángulo amoroso»?

Preguntas de anticipación.

Piense en las preguntas siguientes mientras lee el cuento.

1. ¿Qué costumbre tenían los personajes del cuento?

2. ¿Qué condición física tenía José Claudio?

3. ¿Cómo afectó esto a su matrimonio?

⁓⁓⁓⁓⁓⁓⁓ Los pocillos ⁓⁓⁓⁓⁓⁓⁓

Los pocillos eran seis: dos rojos, dos negros, dos verdes, y además importados, irrompibles, modernos. Habían llegado como regalo de Enriqueta, en el último cumpleaños de Mariana, y desde ese día el comentario de cajón° había sido que podía combinarse   **de...** habitual
5   la taza de un color con el platillo de otro. «Negro con rojo queda fenomenal»°, había sido el consejo estético de Enriqueta. Pero   **queda...** looks great
Mariana, en un discreto rasgo de independencia, había decidido que cada pocillo sería usado con su plato del mismo color.

«El café ya está pronto.° ¿Lo sirvo?», preguntó Mariana. La   ready
10   voz se dirigía al marido, pero los ojos estaban fijos en el cuñado. Este parpadeó y no dijo nada, pero José Claudio contestó: «Todavía

no. Esperá* un ratito. Antes quiero fumar un cigarrillo.» Ahora sí
ella miró a José Claudio y pensó, por milésima vez, que aquellos
ojos no parecían de ciego.

15   La mano de José Claudio empezó a moverse, tanteando° el   **groping**
sofá. «¿Qué buscás?» preguntó ella. «El encendedor.»° «A tu   **lighter**
derecha.» La mano corrigió el rumbo y halló el encendedor. Con ese
temblor que da el continuado afán de búsqueda, el pulgar hizo girar
varias veces la ruedita, pero la llama no apareció. A una distancia
20   ya calculada, la mano izquierda trataba infructuosamente de
registrar la aparición del calor. Entonces Alberto encendió un
fósforo° y vino en su ayuda. «¿Por qué no lo tirás?»° dijo, con una   **match/toss away**
sonrisa que, como toda sonrisa para ciegos, impregnaba también
las modulaciones de la voz. «No lo tiro porque le tengo cariño. Es
25   un regalo de Mariana.»

Ella abrió apenas° la boca y recorrió el labio inferior con la   **hardly**
punta de la lengua. Un modo como cualquier otro de empezar a
recordar. Fue en marzo de 1953, cuando él cumplió treinta y cinco
años y todavía veía. Habían almorzado en casa de los padres de José
30   Claudio, en Punta Gorda, habían comido arroz con mejillones, y
después se habían ido a caminar por la playa. El le había pasado
un brazo por los hombros y ella se había sentido protegida,
probablemente feliz o algo semejante. Habían regresado al
apartamento y él la había besado lentamente, morosamente,° como   **slowly**
35   besaba antes. Habían inaugurado el encendedor con un cigarrillo
que fumaron a medias.

Ahora el encendedor ya no servía. Ella tenía poca confianza en
los conglomerados simbólicos, pero, después de todo, ¿qué servía
aún de aquella época?

40   «Este mes tampoco fuiste al médico», dijo Alberto.

«No.»

«¿Querés que te sea sincero?»

«Claro.»

«Me parece una idiotez de tu parte.»

45   «¿Y para qué voy a ir? ¿Para oírle decir que tengo una salud
de roble,° que mi hígado° funciona admirablemente, que mi corazón   **oak tree/liver**

---

*En algunos países de Hispanoamérica, especialmente los que componen la región del Río de la Plata (Argentina, Uruguay y Paraguay) existe el pronombre *vos* que se usa en lugar de *tú* cuando hay mucha confianza. Con este pronombre, las terminaciones personales cambian un poco en el presente de indicativo y de subjuntivo porque reciben la fuerza de la pronunciación: cantas—cantás; vendes—vendés; escribes—escribís; cantes—cantés; vendas—vendás; escribas—escribás. Esto también sucede en los mandatos negativos: no cantes—no cantés; no vendas—no vendás; no escribas—no escribás. En los afirmativos, se elimina la *-r* del infinitivo: cantar—cantá; vender—vendé; escribir—escribí.

golpea con el ritmo debido, que mis intestinos son una maravilla? ¿Para eso querés que vaya? Estoy podrido de° mi notable salud sin ojos.»

Estoy... I am fed up with

50   La época anterior a la ceguera. José Claudio nunca había sido un especialista en la exteriorización de sus emociones, pero Mariana no se ha olvidado de cómo era ese rostro antes de adquirir esta tensión, este resentimiento. Su matrimonio había tenido buenos momentos, eso no podía ni quería ocultarlo. Pero cuando

55   estalló el infortunio, él se había negado a valorar su amparo, a refugiarse en ella. Todo su orgullo se concentró en un silencio terrible, testarudo, un silencio que seguía siendo tal, aun cuando se rodeara de palabras. José Claudio había dejado de hablar de sí.

«De todos modos deberías ir», apoyó Mariana. «Acordate de lo

60   que siempre te decía Menéndez.»

«Cómo no que me acuerdo: Para Usted No Está Todo Perdido. Ah, y otra frase famosa: La Ciencia No Cree En Milagros. Yo tampoco creo en milagros.»

«¿Y por qué no aferrarte° a una esperanza? Es humano.»

cling

65   «¿De veras?» Habló por el costado del cigarrillo.

Se había escondido en sí mismo. Pero Mariana no estaba hecha para asistir, simplemente para asistir, a un reconcentrado.° Mariana reclamaba° otra cosa. Una mujercita para ser exigida con mucho tacto, eso era. Con todo, había bastante margen para esa

introvert
demanded

70   exigencia;° ella era dúctil.° Toda una calamidad que él no pudiese ver; pero ésa no era la peor desgracia. La peor desgracia era que estuviese dispuesto a evitar, por todos los medios a su alcance, la ayuda de Mariana. El menospreciaba su protección. Y Mariana hubiera querido—sinceramente, cariñosamente, piadosamente—

demand/pliable

75   protegerlo.

Bueno, eso era antes, ahora no. El cambio se había operado con lentitud. Primero fue un decaimiento° de la ternura. El cuidado, la atención, el apoyo, que desde el comienzo estuvieron rodeados por un halo constante de cariño, ahora se habían vuelto mecánicos.

weakening

80   Ella seguía siendo eficiente, de eso no cabía duda, pero no disfrutaba manteniéndose solícita. Después fue un temor horrible frente a la posibilidad de una discusión cualquiera. El estaba agresivo, dispuesto siempre a herir,° a decir lo más duro, a establecer su crueldad sin posible retroceso. Era increíble cómo

to offend

85   hallaba siempre, aun en las ocasiones menos propicias, la injuria refinadamente certera,° la palabra que llegaba hasta el fondo, el

accurate

comentario que marcaba el fuego. Y siempre desde lejos, desde muy
atrás de su ceguera, como si ésta oficiara de muro de contención°
para el incómodo estupor° de los otros.

90   Alberto se levantó del sofá y se acercó al ventanal.

«Qué otoño desgraciado», dijo. «¿Te fijaste?» La pregunta era
para ella.

«No», respondió José Claudio. «Fijate vos por mí.»

Alberto la miró. Durante el silencio, se sonrieron. Al margen
95 de José Claudio, y sin embargo a propósito de él. De pronto Mariana
supo que se había puesto linda. Siempre que miraba a Alberto, se
ponía linda. El se lo había dicho por primera vez la noche del
veintitrés de abril del año pasado, hacía exactamente un año y ocho
días: una noche en que José Claudio le había gritado cosas muy
100 feas, y ella había llorado, desalentada, torpemente triste, durante
horas y horas, es decir hasta que había encontrado el hombro de
Alberto y se había sentido comprendida y segura. ¿De dónde
extraería Alberto esa capacidad para entender a la gente? Ella
hablaba con él, o simplemente lo miraba, y sabía de inmediato que
105 él la estaba sacando del apuro. «Gracias», había dicho entonces. Y
todavía ahora la palabra llegaba a sus labios directamente desde su
corazón, sin razonamientos intermediarios, sin usura.° Su amor
hacia Alberto había sido en sus comienzos gratitud, pero eso (que
ella veía con toda nitidez°) no alcanzaba a despreciarlo. Para ella,
110 querer había sido siempre un poco agradecer y otro poco provocar
la gratitud. A José Claudio, en los buenos tiempos, le había
agradecido que él, tan brillante, tan lúcido, tan sagaz,° se hubiera
fijado en ella, tan insignificante. Había fallado en lo otro, en eso de
provocar la gratitud, y había fallado tan luego en la ocasión más
115 absurdamente favorable, es decir, cuando él parecía necesitarla
más.

A Alberto, en cambio, le agradecía el impulso inicial, la
generosidad de ese primer socorro que la había salvado de su propio
caos, y, sobre todo, ayudado a ser fuerte. Por su parte, ella había
120 provocado su gratitud, claro que sí. Porque Alberto era un alma
tranquila, un respetuoso de su hermano, un fanático del equilibrio,
pero también, y en definitiva,° un solitario. Durante años y años,
Alberto y ella habían mantenido una relación superficialmente
cariñosa, que se detenía con espontánea discreción en los umbrales
125 del tuteo° y sólo en contadas ocasiones° dejaba entrever una
solidaridad más profunda. Acaso Alberto envidiara un poco la

como... as if it were a retaining wall
amazement

interest, profiteering

clarity, sharpness

shrewd

en... in short

en... just within addressing each other using the familiar *tú* form.
en... seldom

aparente felicidad de su hermano, la buena suerte de haber dado con una mujer que él consideraba encantadora. En realidad, no hacía mucho que Mariana había obtenido la confesión de que la

130 imperturbable soltería de Alberto se debía a que toda posible candidata era sometida a una imaginaria y desventajosa comparación.

«Y ayer estuvo Trelles», estaba diciendo José Claudio, «a hacernos la clásica visita adulona° que el personal de la fábrica me

135 consagra una vez por trimestre. Me imagino que lo echarán a la suerte° y el que pierde se embroma° y viene a verme.»

«También puede ser que te aprecien», dijo Alberto, «que conserven un buen recuerdo del tiempo en que los dirigías, que realmente estén preocupados por tu salud. No siempre la gente es

140 tan miserable como te parece de un tiempo a esta parte.»°

«Qué bien. Todos los días se aprende algo nuevo.» La sonrisa fue acompañada de un breve resoplido,° destinado a inscribirse en otro nivel de ironía.

Cuando Mariana había recurrido a Alberto, en busca de

145 protección, de consejo, de cariño, había tenido de inmediato la certidumbre de que a su vez° estaba protegiendo a su protector, de que él se hallaba tan necesitado de amparo como ella misma, de que allí, todavía tensa de escrúpulos y quizá de pudor,° había una razonable desesperación de la que ella comenzó a sentirse

150 responsable. Por eso, justamente, había provocado su gratitud, por no decírselo con todas las letras,° por simplemente dejar que él la envolviera en su ternura acumulada de tanto tiempo atrás, por sólo permitir que él ajustara a la imprevista realidad aquellas imágenes de ella misma que había hecho transcurrir, sin hacerse ilusiones,

155 por el desfiladero° de sus melancólicos insomnios. Pero la gratitud pronto fue desbordada.° Como si todo hubiera estado dispuesto para la mutua revelación, como si sólo hubiera faltado que se miraran a los ojos para confrontar y compensar sus afanes,° a los pocos días° lo más importante estuvo dicho y los encuentros

160 furtivos menudearon.° Mariana sintió de pronto que su corazón se había ensanchado y que el mundo era nada más que° eso: Alberto y ella.

«Ahora sí podés calentar el café», dijo José Claudio, y Mariana se inclinó sobre la mesita ratona° para encender el mecherito° de

165 alcohol. Por un momento se distrajo contemplando los pocillos. Sólo

fawning

lo... they will draw lots
se... has to put up with it

de... for sometime now

snort

a... in her turn

shame

con... in full

narrow pass
exceeded

toils
a... within a few days
happened frequently
nada... just

mesita... small round table under which a brazier is placed/burner

había traído tres, uno de cada color. Le gustaba verlos así, formando un triángulo.

Después se echó hacia atrás en el sofá y su nuca encontró lo que esperaba: la mano cálida de Alberto, ya ahuecada° para recibirla. Qué delicia, Dios mío. La mano empezó a moverse suavemente y los dedos largos, afilados,° se introdujeron por entre el pelo. La primera vez que Alberto se había animado a hacerlo, Mariana se había sentido terriblemente inquieta, con los músculos anudados° en una dolorosa contracción que le había impedido disfrutar de la caricia. Ahora no. Ahora estaba tranquila y podía disfrutar. Le parecía que la ceguera de José Claudio era una especie de protección divina.

Sentado frente a ellos, José Claudio respiraba normalmente, casi con beatitud. Con el tiempo,° la caricia de Alberto se había convertido en una especie de rito y, ahora mismo, Mariana estaba en condiciones de aguardar el movimiento próximo y previsto. Como todas las tardes la mano acarició el pescuezo,° rozó° apenas la oreja derecha, recorrió lentamente la mejilla y el mentón.° Finalmente se detuvo sobre los labios entreabiertos. Entonces ella, como todas las tardes, besó silenciosamente aquella palma y cerró por un instante los ojos. Cuando los abrió, el rostro de José Claudio era el mismo. Ajeno, reservado, distante. Para ella, sin embargo, ese momento incluía siempre un poco de temor. Un temor que no tenía razón de ser, ya que en el ejercicio de esa caricia púdica,° riesgosa, insolente, ambos habían llegado a una técnica tan perfecta como silenciosa.

«No lo dejés hervir°», dijo José Claudio.

La mano de Alberto se retiró y Mariana volvió a inclinarse sobre la mesita. Retiró el mechero, apagó la llamita con la tapa de vidrio, llenó los pocillos directamente desde la cafetera.

Todos los días cambiaba la distribución de los colores. Hoy sería el verde para José Claudio, el negro para Alberto, el rojo para ella. Tomó el pocillo verde para alcanzárselo° a su marido, pero, antes de dejarlo en sus manos, se encontró con la extraña, apretada sonrisa. Se encontró, además, con unas palabras que sonaban más o menos así: «No, querida. Hoy quiero tomar en el pocillo rojo.»

Marginal glosses:
- hollowed
- slender
- tied up
- **Con...** In time
- neck/touched
- chin
- chaste
- to boil
- pass it on

DESPUES DE LEER

¿Qué pasó?

Conteste las preguntas siguientes.

1. ¿Cómo eran los pocillos que tenía Mariana?

2. ¿Por qué José Claudio no iba al médico?

3. ¿Cómo había sido él antes de la ceguera? ¿después?

4. ¿Qué relación hay entre Mariana y Alberto? ¿Lo sabe José Claudio? ¿Cómo empezó esta relación?

5. ¿Cómo era Alberto?

6. ¿Por qué se dice que Alberto se había mantenido soltero?

7. ¿Qué opinaba José Claudio de la visita que un empleado de la fábrica donde él trabajaba le hacía cada trimestre? ¿Qué opinaba Alberto?

8. ¿Qué acostumbraba hacer Alberto mientras se calentaba el café?

9. ¿Qué acostumbraba hacer Mariana todos los días cuando servía los pocillos?

¿Cuándo pasó?

Enumere las acciones en orden cronológico, como debieron haber ocurrido en la realidad.

_____ Todas las tardes los tres toman café y Mariana cambia el color de los pocillos que usa.

_____ Después de perder la vista José Claudio casi siempre está de mal humor y su relación con Mariana cambia.

_____ Mientras esperan que el café esté caliente, Alberto acaricia a Mariana.

_____ Mariana le regaló un encendedor a José Claudio en la época cuando todavía eran felices.

_____ Mariana va a servir el café pero José Claudio le pide que espere.

_____ José Claudio desea tomar su café en un pocillo de distinto color.

_____ A José Claudio no le gusta ir al médico porque no cree que volverá a ver otra vez.

_____ Primero Alberto es un refugio para Mariana, pero después ellos se enamoran.

_____ José Claudio comenta con ironía que un hombre de la fábrica viene todos los meses a visitarlo.

_____ José Claudio y Mariana vivieron años felices antes de la ceguera.

En otras palabras

A. Definiciones   ¿Cuál es la palabra para estas definiciones?

1. dos cosas que se usan para encender un cigarrillo
2. el dedo más pequeño y gordo de la mano
3. la condición de no ver
4. cuando una persona no puede dormir
5. la parte baja del cráneo

B. ¿Recuerda el antónimo?   Escoja el número correspondiente.

1. importado   _____ suerte
2. irrompible   _____ sentarse
3. moderno   _____ rompible
4. desgracia   _____ acercarse
5. levantarse   _____ encender
6. alejarse   _____ permitir
7. fuerte   _____ exportado
8. impedir   _____ antiguo
9. apagar   _____ débil

C. ¿Qué palabra falta?   Complete las oraciones con la palabra adecuada de la lista siguiente.

cambiar	marido	pocillos	servir
caricias	matrimonio	regalo	taza
ciego	menospreciar	salud	testarudo
cuñado	platillo		

Mariana siempre usaba los _____ que eran un _____ de su amiga Enriqueta. Prefería usar la _____ con el _____ del mismo color. Su _____ era _____. Tenía buena _____ y no quería ver al médico porque era muy _____. El _____ a todo el mundo. El _____ de Mariana y José Claudio no era feliz. El _____ de Mariana era muy comprensivo y siempre le hacía _____ antes de _____ el café. Un día Mariana _____ el color acostumbrado y José Claudio lo supo.

Parecidas pero diferentes

Complete las oraciones siguientes con las palabras correctas entre paréntesis. Puede consultar el Apéndice A, *Parecidas pero diferentes*, en la página 180, si necesita revisar el significado de las palabras.

1. José Claudio (trató de/probó) encender un cigarrillo (varios tiempos/varias veces) con un encendedor que Mariana le había regalado (pero/sino) ya no (funcionaba/trabajaba).

2. Cuando ella le (pidió/preguntó) si podía servir el café, él le (pidió/preguntó) que esperara un (rato/ritmo).

3. (Desde/Como/Porque) José Claudio era ciego, (fijaba/se fijaba en) los ojos, (pero/sino que) Mariana pensaba que esos ojos no (miraban/parecían/aparecían) ojos de ciego.

4. El ya no era (el mismo hombre/el hombre mismo) que Mariana había (conocido/sabido) en otra (hora/época/vez).

5. Aunque Mariana no tenía (muchas memorias/muchos recuerdos) agradables de su matrimonio, (extrañaba/perdía/faltaba a) la comunicación con su marido porque él era un hombre muy (tranquilo/callado).

6. A José Claudio le gustaba (doler/herir/ofender) a las personas y frecuentemente decía (injurias/heridas) y Mariana no (soportaba/apoyaba) su ironía.

7. El (se negaba a/negaba) ver a un médico porque decía que no tenía problemas con su hígado ni con sus intestinos, y su corazón golpeaba con el (ritmo/rato) adecuado.

8. Cuando José Claudio (se ponía/se hacía/se convertía en) furioso, tenía (discusiones/argumentos) terribles con Mariana.

9. Ella era joven y tenía (el derecho/la derecha) de ser feliz.

10. Su cuñado, Alberto, la (soportaba/apoyaba) con su comprensión y le (volvía/devolvía) su cariño.

11. El no (miraba/parecía/se parecía a) su hermano.

12. Alberto era (solo/soltero/sencillo) y (una vez/un tiempo/una época) le confesó a Mariana que cuando le (introducían/presentaban) a una chica, él la comparaba con Mariana.

13. Todas las tardes Alberto (devolvía/volvía) a la casa de Mariana y José Claudio, y nunca (perdía/extrañaba/faltaba a) la hora de (tomar/tocar) café.

14. Mariana siempre prefería usar la (copa/taza) y el plato del (mismo color/color mismo) y nunca (trataba/probaba) ninguna combinación de colores.

15. Esa tarde Mariana (sólo/sola/única) (tomó/llevó) tres pocillos a la mesa.

Exprese su opinión

Conteste las preguntas siguientes.

1. ¿Cree usted que el matrimonio de Mariana y José Claudio habría continuado siendo feliz si José Claudio no hubiera perdido la vista? ¿Por qué?

2. ¿Qué opina usted sobre la conducta de los personajes? ¿Está usted de acuerdo con sus actuaciones?

3. ¿Cree usted que José Claudio tiene razón cuando se burla de la visita que le hace el personal de la fábrica? ¿Por qué?

4. Además de la ceguera, ¿qué otras condiciones físicas pueden hacer que una persona esté en desventaja? ¿Ha cambiado la actitud de la sociedad hacia esas personas? ¿Cómo?

5. ¿Cómo puede usted explicar la última frase de José Claudio?

Tema para crear

¿Qué costumbres hispánicas aparecen en el cuento? ¿Conoce usted otras costumbres que tienen los hispanos? Busque información y escriba una composición sobre el tema.

12

Por la mañanita Fifita nos llama

Mirta Yáñez (Cuba)

ANTES DE LEER

Vocabulario para la lectura.

Estudie las palabras y frases siguientes:

1. **mochila**   *backpack, knapsack*   No pusimos esa ropa en la parte de arriba de la mochila.
2. **recoger** (like **coger**)   *to pick up, to collect*   Levantaba a la gente a las cinco de la mañana para ir a recoger café.
3. **loma**   *hill*   En esas lomas de Mayarí Arriba hace mucho frío.
4. **confiar en**   *to trust*   No se vayan a creer que confío en presentimientos ni en nada de eso.
5. **ladrar**   *to bark*   Los perros me seguían ladrando.
6. **a cada rato**   *once in a while*   Me acuerdo que a cada rato me despertaba por el ruido que hacía el viento fuera de la casa.
7. **aguacero**   *(rain)shower, downpour*   Pensé que con ese aguacero no se iba a poder ir al cafetal.
8. **cafetal (el)**   *coffee plantation*   Pensé que con ese aguacero no se iba a poder ir al cafetal.
9. **colcha**   *bedspread*   Me gustaba la idea de dormir la mañana envuelta en mi colcha seca.

10. **fango**   *mud*   Meterse en el cafetal con el fango era peor.

11. **raíz (la)** (pl. **raíces**)   *root*   Lo vimos derrumbado, con las raíces al aire.

12. **relámpago**   *lightning*   No sé lo que estaría pensando Silina, despúes que pasó el relámpago.

13. **naufragio**   *shipwreck*   Me volví a acordar esa noche de los naufragios.

14. **tormenta**   *storm*   La tormenta se nos había echado encima.

15. **retrasado/a**   *delayed*   Yo estaba retrasada en el camino por culpa de los perros.

16. **molestar**   *to bother*   Las piedras me molestaban en los pies.

17. **ahogarse**   *to drown*   Creían que me había ahogado.

18. **herido/a**   *wounded*   Aquel hombre estaba herido.

¡Vamos a practicar!

Complete las oraciones con la forma adecuada de las palabras o frases de la lista de vocabulario.

1. El niño estaba muy asustado porque, durante la _____, la lluvia era muy fuerte y los _____ eran muy frecuentes.

2. Ese árbol tiene unas _____ muy profundas porque es muy viejo.

3. No sabemos cuántos _____ hubo en el accidente.

4. Cuando queremos hacer ejercicio subimos esa _____.

5. La tierra está muy seca y necesitamos un buen _____.

6. Ricardo y yo somos buenos amigos y _____ él completamente.

7. No debes meterte en el mar si no sabes nadar porque puedes _____.

8. A muchas personas les _____ el humo del cigarrillo.

9. En el otoño mis hermanos _____ las hojas que caen de los árboles.

10. Anoche no pudimos dormir porque el perro _____ constantemente.

11. El avión llegará _____ porque no salió a tiempo del aeropuerto.

12. Voy a pasar el fin de semana en la montaña y mis padres me regalaron una _____ donde puedo llevar la ropa y la comida.

13. ¿Has visto la película basada en el _____ del *Titanic*?

14. Límpiate los zapatos en la alfombra antes de entrar porque tienen _____.

15. Necesito una _____ nueva para mi cama porque pinté el cuarto de un color diferente.

16. Hay un anuncio de café colombiano donde aparece un hombre que trabaja en un _____.

17. Mi mejor amiga y yo hablamos por teléfono _____.

Sobre la autora

Mirta Yáñez *nació en La Habana, Cuba, en 1947. Licenciada en Lenguas y Literaturas Hispánicas por la Universidad de La Habana, enseña allí literatura hispanoamericana. Escribe poemas, cuentos, novelas y guiones para documentales. Le interesa la literatura infantil y muchas veces el narrador de sus cuentos es un niño o una niña. Asimismo, es evidente su cariño y comprensión hacia los personajes, tanto como su buen sentido del humor. Estos rasgos están presentes en el cuento seleccionado, que pertenece al libro* Todos los negros tomamos café *(1976), ganador de la Primera Mención en el concurso «26 de julio». En esta colección se narran las experiencias de un grupo de chicos que van a trabajar al cafetal. El título del cuento seleccionado viene de una canción que se cantaba en los trabajos voluntarios. La letra de la canción era la siguiente: «Por la mañanita Fifita me llama. Me llama a las cinco/seis/siete (la hora de levantarse podía cambiar) para recoger café».* La acción del cuento coincide con el paso del ciclón Flora por la isla de Cuba (del 4 al 7 de octubre de 1963), que dejó 1.159 muertos y grandes pérdidas materiales. Fue necesario reclutar brigadas de trabajo para limpiar y reparar los destrozos. La provincia de Oriente, donde se encuentra el pueblo de Mayarí, fue el área más afectada.*

---

*Le agradezco esta información a la autora del cuento.

Usted sabe más de lo que cree

El cuento siguiente ofrece un buen ejemplo de una forma de narración muy popular entre los escritores contemporáneos: **la imitación de la lengua oral.** *Aunque usted sabe que está* leyendo *la narración, tendrá la impresión de que la está* oyendo. *Esto es resultado del empleo de varias técnicas. Observará que hay muchas oraciones extensas, referencias frecuentes al público, frases incompletas, falta de concordancia entre el sujeto y el verbo y falta de secuencia temporal. Usted sabe que la lengua oral es más flexible que la lengua escrita. Busque ejemplos de estas técnicas mientras lee el cuento y piense en una posible explicación.*

Preguntas de orientación.

Las preguntas siguientes le ayudarán a comprender mejor el cuento.

1. ¿Qué tipo de gobierno tiene Cuba? ¿Qué repercusiones tiene esto en los ciudadanos en cuanto a sus responsabilidades sociales?

2. ¿Qué características tiene un huracán tropical?

3. ¿Hay diferencias entre la reacción de los niños y la de los adultos cuando ocurre un desastre natural, como un huracán, una tormenta de nieve, etc.? ¿Cuáles son?

Preguntas de anticipación.

Piense en las preguntas siguientes mientras lee el cuento.

1. ¿Quién narra el cuento y por qué está donde está?

2. ¿Qué interrumpe su misión allí?

3. ¿Cómo es su regreso al pueblo?

Por la mañanita Fifita nos llama

Yo no sé quién era la tal Fifita, pero todo el mundo cantaba esa canción el día que salimos de La Habana. Y así se siguió cantando por el camino en guagua,° y cuando cambiamos de la guagua para el camión en Cueto y tuvimos que taparnos° con cartones° y sacos,
5 porque a nadie se le había ocurrido° poner las capas de agua° en la parte de arriba de la mochila al alcance de la mano, sino en el fondo, todavía teníamos ganas de seguir cantando la dichosa° cancioncita, aunque ninguno de nosotros sabía quién era la tal Fifita.

Lo que sí sabíamos era que esa Fifita tenía que haber sido la
10 candela.° Porque según dice la letra de la canción, levantaba a la gente a las cinco de la mañana para ir a recoger café. Y eso sí le zumba.° Con el frío que hay en esas lomas de Mayarí Arriba, ni Fifita hubiera podido parar° a nadie de mi brigada antes de las seis de la mañana. Y ya levantarse a las seis era bastante duro. Sobre
15 todo que siempre había alguna graciosa que se ponía a cantar y desde que se tiraba de° la hamaca° tenía la canción en la boca.

Pero lo que voy a contar fue la vez que nos pusimos en pie a las cinco, sin que nadie, ni la Fifita de la canción, nos tuviera que despertar. Fue la madrugada que llegó el ciclón y nos tumbó° la
20 casa.

La tarde anterior había sido extraña, y cuando digo extraña no se vayan a creer que confío en presentimientos ni en nada de eso; pero es verdad que hasta los animales estaban raros y no querían acercarse a nadie. Ni siquiera los perros de la casa que eran tan
25 cariñosos conmigo tenían ganas de caricias ni de pasaderas de mano por la cabeza. Y es que todos teníamos una sensación mala. No sé si habrá sido por el cielo que se puso rojo, o que el aire estaba pesado,° o qué. Pero no se movía ni una hoja. Y ninguna de nosotras, de las muchachas de la brigada quiero decir, tenía deseos
30 de hacer nada. Y eso que todas las tardes nos daba por fabricar una fogata° y ponernos a cantar, o a jugar dominó con los muchachos, con los de la brigada de varones que vivían cerca y nos venían a ver por las tardes, bañaditos.°

Por eso digo que esa tarde pasaba algo raro, porque ninguna
35 de nosotras tenía ánimos de cantar, ni siquiera María Luisa, que nunca hay quien la calle,° ni yo misma tenía mucha gana de pasarle la mano a los perros, aunque no me gustaba que no quisieran saber

---

bus (Caribbean and Canary Islands)
to wrap up / cardboard
a... nobody had thought about / **capas...** raincoats / darn

tenía... she must have been something else

eso... that is really the limit
to stand up

se... she jumped out of / hammock

knocked over

heavy

bonfire

all washed up

nunca... there is nobody able to make her shut up

nada conmigo,° ellos que eran tan cariñosos y me seguían por los surcos° ladrando, y ahora cuando me les acercaba salían corriendo

40 y se metían abajo de las matas.° Nadie quería ni moverse de las hamacas por aquella pesadez que he dicho que había en el aire.

no... they did not want anything to do with me
furrows
bushes

Pues pasó que esa tarde el cielo se puso rojo por todas partes, y no únicamente por el lugar por donde se oculta el sol, y ni los muchachos que vivían ahí mismito° vinieron. Pero lo más extraño,

45 quiero decir, fue que todas nos alegramos que no vinieran, para no tener que movernos, figúrense.°

ahí... right there

just imagine

Así fue que todas nos dormimos temprano, porque qué íbamos a hacer levantadas, si la tarde se había empezado a poner fea. Y de aquella pesadez que no se sabía de dónde venía, se había des-

50 pabilado° un aire muy molesto. Ibrahim, el dueño de casa, había dicho que eso era que llegaba mal tiempo, y que recogiéramos la ropa de la tendedera.° Aunque ya les digo, ese día nadie había lavado ni hecho nada, porque era una tarde extraña.

se... had risen

clothesline

Y me acuerdo que me despertaba a cada rato por el ruido que

55 hacía el viento fuera de la casa, o por el frío que se me metía por debajo de la hamaca, a pesar de que la había rellenado con hojas de plátano, porque lo de los periódicos que me dijo mi papá que hiciera, no me dio ningún resultado, pues yo me muevo mucho cuando duermo y los papeles hacían mucho escándalo, aparte° que

60 el tercer día no quedaba ni un pedazo de los periódicos, así que inventé esto de las hojas de plátano que no meten ruido,° y me resolvieron un poco, pero ni con ésas° dejaba yo esa noche de tener frío; y una de las veces que me desperté me di cuenta que había empezado a llover duro° y pensé que con ese aguacero no se iba a

65 poder ir al cafetal al día siguiente. No se lo digan a nadie, pero qué buena era la idea de dormir la mañana, sin preocupaciones, envuelta en mi colcha seca, sin cambiarme las ropas ni ponerme las botas, aunque después meterse en el cafetal con el fango y la mojadera,° era peor. Entonces fue cuando oí un estruendo y vi que

70 la pared del costado° se había caído completa y nos habíamos quedado a la intemperie.°

besides

que... that do not make any noise
ni... not even with those
llover... to pour

dampness
side
a... in the open

Parece que esa noche nadie había podido dormir bien, porque en lo que canta un gallo° toda la brigada había saltado de las hamacas y estaba en pie, preparándose para quién sabe qué cosa.

75 Y cuando empecé a recoger la ropa en la mochila para que no se me mojara fue que alguien habló, porque nadie había hablado hasta ahora, y me pareció una pregunta que no venía al caso,° porque a quién le interesaba en ese momento, si lo que entraba por el hueco

en... in no time

que... that was not relevant

que había dejado la pared era como una de esas olas que uno ve
80 en las películas cuando un barco se está hundiendo,° a quién le   sinking
importaba lo que Silina preguntaba que era que dónde se había
metido el árbol que estaba frente a la casa. Yo pensé: y a ésta qué
le pasa, acaso un árbol, un júcaro de ese tamaño, se puede ir a
alguna parte. Y me llegué a donde estaba parada ella mirando, con
85 la boca abierta, y de verdad que me creí que yo también estaba loca,
porque el árbol grandísimo, que debía tener como un millón de
años, qué sé yo, no estaba frente a la casa. Y al cabo de un rato,°   **al...** after a while
con un rayo que cayó cerca, fue que lo vimos derrumbado, con las
raíces al aire, tan enormes que metían miedo. Caballeros, no se
90 lo digan a nadie, pero me pasó un corrientazo por la columna   **me...** I was scared
vertebral,° pues yo no sé lo que estaría pensando Silina, después   out of my wits
que pasó el relámpago, pero a lo que yo sí le estaba dando vueltas   **lo...** what I was really
en la cabeza° era que si en vez de caerse para el camino se tumba   turning over in my
para la casa, bueno, señores, que nos hubiera sembrado° con   mind
95 hamaca y todo. Y si Silina pensó lo mismo, tampoco dijo nada para   **nos...** it would have
                                                                           buried us
no asustar a las demás que no habían oído la pregunta ni andaban
al tanto° de que el árbol ya no estaba donde lo habíamos dejado por   **andaban...** were not
la tarde.   aware
    Ahí fue que llegó Ibrahim y nos dijo que teníamos que irnos
100 de allí. Metí en mi morral° una colcha y una camiseta enguatada,°   backpack/padded
envueltas en el único *nylon* que yo llevaba, y ni se me ocurrió
recoger otra cosa, así que me puse la misma ropa que llevaba al
cafetal todos los días y cuando me di vuelta vi que toda la brigada
estaba preparada para salir de la casa; y me volví a acordar esa
105 noche de los naufragios en las películas cuando el capitán se planta deck
en cubierta° y dice que la tormenta se nos ha echado encima,° a los   **se...** is coming on us
botes salvavidas,° las mujeres y los niños primero. Y acordándome   **botes...** lifeboats
de eso fue que salí a plena lluvia.
    Yo nunca había visto nada semejante. Cuando les diga que las
110 palmas se doblaban° como si fueran de cartón, nadie me lo va a   **se...** were bending
creer. El viento las echaba abajo, parecía que se iban a partir, y   over
después subían como si nada, y volvían a agacharse,° y de vez en   to bend
cuando soltaban una penca que salía volando° como si tuviera vida   **soltaban...** released
propia, y yo les juro en ese momento veía pasar las pencas sueltas   a branch that
115 y no pensaba mucho en las pencas, ni en las palmas que se mecían°   would go off
como hebras de hilo,° no en la lluvia que golpeaba por todas partes,   flying
sino en los cinco perros que se me enredaban en los pies y no me   **se...** would sway
dejaban caminar, y eso que por la tarde no querían ni que me les   **hebras...** thread
acercara, así son los animales. Y a veces las pencas pasaban y caían

120 al lado de nosotros por el camino, porque lo que no he dicho todavía
es que los muchachos nos habían estado esperando afuera para
acompañarnos al pueblo, y que el pueblo quedaba como a seis
kilómetros caminando por las montañas.

Y estoy segura que cuando cogimos por la vereda° íbamos   path
125 todos juntos, pero más allá no sé lo que pasó, nos fuimos quedando
solos; de pronto no se veía ya ni a dos metros alante de uno,° por lo   alante... in front of
oscuro y por lo fuerte que caía la lluvia, solamente cuando cruzaba   you
la luz de un relámpago era que se podía divisar algo y lo que se
distinguía eran las palmas que se doblaban sobre el camino, y por
130 el aire uno sentía como si fueran pájaros volando y se sabía que
eran las pencas. Pero no me importaban, ni tan siquiera que yo
estuviera en medio del monte, sola, subiendo y bajando lomas con
aquel aguacero, porque todo el mundo se había adelantado, y yo
estaba retrasada en el camino por culpa de los perros. Y la verdad
135 es que ahora lo cuento y ni yo misma me lo creo. A lo mejor° es que   A... Perhaps
yo no sabía que aquello era el ciclón *Flora,* ni había leído nada de
lo que estaban diciendo los periódicos por estos días, ni conocía
bien lo que estaba pasando.

Lo único que pensaba era que la pared se nos había caído,°   se... had fallen down
140 que yo había dejado olvidadas las cartas de Manolo, y que ahora se   on us
debían estar mojando allá en la casa de Ibrahim, y los perros que
venían conmigo, y se me enredaban en los pies y no me dejaban
caminar. Aunque ellos no tenían toda la culpa, porque a veces no
se podía avanzar por el aire que venía en contra, y yo no podía abrir
145 bien los ojos porque se me metía adentro la lluvia y me dolían.
Yo me preguntaba, de vez en cuando, dónde se habrán metido los
demás,° que ya no los oigo. Y lo que volvía a pensar era que qué iba   the others
a decir a Manolo cuando me hablara de las cartas y yo tuviera que
decirle que no me acordé de las cartas ni de nada cuando vi el árbol
150 patas para arriba° y la pared que se nos había caído, y tuvimos que   patas... upside down
ser evacuados para el pueblo que estaba como a seis kilómetros de
caminata por las montañas. Seguro° que tampoco me iba a creer   There was no doubt
que yo estaba pensando en las cartas que se mojaban en la casa
mientras yo caminaba bajo aquel aguacero.

155   Y entonces, para colmo,° se me metieron unas piedras en las   para... to top it all
botas, y las cosas raras que uno piensa en esos trances,° y las cosas   critical moments
raras que hace, porque cuando vi que no podía subir la última loma
antes de llegar al pueblo por la corriente de agua que bajaba, y que
las piedras me molestaban en los pies, me senté al borde° de la   al... on the edge

160 vereda y me zafé° los cordones de las botas, y me saqué hasta las
medias para botar° las piedras y el fango que tenían dentro, y allí me
puse a pasarles la mano° a los perros que estaban muy nerviosos,
inquietos; y a pensar que quizás el agua no entraría mucho en la
casa y mi mochila se salvaría de la inundación,° así Manolo no se
165 iba a poner bravo° conmigo porque sus cartas se hubieran perdido
en el naufragio. Y me imaginé a Manolo vestido de marinero°
gritando *mujeres y perros a los botes salvavidas,* me dieron ganas
de reírme, y allí me estaba riendo cuando apareció Rafael que me
cogió del brazo y me ayudó a subir la loma.

170   Cuando llegamos arriba, al pueblo, nos estaban esperando.
Qué creían, les dije, que me había ahogado en el naufragio. Pero
nadie se rió, sino que me miraban asustados. Y así fue que me
enteré que ellos habían llegado como una hora antes, y yo no
acababa de aparecer° y pensaban que me había caído una penca
175 encima, como aquel hombre que estaba allí, herido, porque una
penca de palma le había roto tres costillas° en el pecho y lo
encontraron de casualidad° en la oscuridad. Y yo les decía que era
que unas piedrecitas me molestaban en las botas, y que si las cartas
de Manolo se me mojaban, y que los perros; pero la verdad es que
180 se me empezaron a doblar las piernas del susto, aunque yo creo que
nadie se dio cuenta de eso, porque, qué va,° caballeros, uno tiene
que mantenerse hasta lo último, y por eso me eché a reír° y pregunté
si la tal Fifita se había levantado ya, porque aquí entre ustedes y yo,
miren que esa cancioncita de Fifita me caía pesada.°

me... I untied
to throw away (Cuba)
me... I started to caress

flood
angry
sailor

yo... I had not shown up yet
ribs
de... by chance

qué... forget it
me... I started to laugh
me... I could not stand it

DESPUES DE LEER

¿Qué pasó?
Conteste las preguntas siguientes.

1. ¿Por qué opina la narradora que era duro levantarse tan temprano?
2. ¿Por qué un día se levantaron las chicas sin que nadie lo ordenara?
3. ¿Qué diversiones tenían las chicas todas las tardes?
4. ¿Qué hacía la narradora para no sentir frío cuando estaba acostada?
5. ¿Por qué creyó ella que Silina estaba loca? ¿Por qué creyó que ella estaba tan loca como Silina?
6. ¿Por qué se retrasó la narradora?

7. ¿Qué le preocupaba a ella mientras iba por el camino? ¿Quién cree usted que era Manolo?

8. ¿Por qué se detuvo antes de llegar al pueblo?

9. ¿Por qué estaban asustadas las personas del pueblo?

10. ¿Cuál fue la reacción de la narradora cuando supo lo que había pasado?

En otras palabras

A. Vocabulario especial.   Haga una lista de todas las palabras relacionadas con el clima que aparecen en el cuento.

B. Definiciones.   Defina con una palabra o una frase:

1. brigada

2. cafetal

3. tendedera

4. aguacero

5. naufragio

C. ¿Recuerda el sinónimo?   Escoja el número correspondiente.

1. guagua	_____ camino
2. capa de agua	_____ lado
3. varones	_____ momentos
4. aguacero	_____ hombres
5. estruendo	_____ autobús
6. costado	_____ ruido
7. mochila	_____ impermeable
8. vereda	_____ lluvia
9. doblarse	_____ morral
10. trances	_____ agacharse

D. ¿Recuerda el antónimo?   Escoja el número correspondiente.

1. arriba   _____ en el fondo

2. juntos   _____ sacar

3. adentro   _____ tranquilos

4. herido   _____ separados

5. mojar   _____ afuera

6. inquietos   _____ secar

7. meter   _____ curado

E. ¿Qué palabra falta?   Complete las oraciones con la palabra adecuada de la lista siguiente.

aguacero	doblar	raíces	sentarse
asustado	herido	recoger	taparse
botar	ladrar	retrasarse	viento
cafetal	levantarse		

Una brigada de estudiantes fue al _____ para _____ café pero no pudo porque comenzó un _____ muy fuerte. El _____ era tan terrible que _____ las palmas. Podían ver las _____ de un árbol destruido. Hacía frío y la narradora _____ con hojas de plátano. Todas las chicas _____ temprano porque iban a regresar a la ciudad. Los perros _____ porque estaban _____. La narradora _____ porque _____ un momento para _____ unas piedras que tenía en los zapatos. Cuando regresó a la ciudad, vio a un hombre _____ y tuvo mucho miedo.

Parecidas pero diferentes

Complete las oraciones siguientes con las palabras correctas entre paréntesis. Puede consultar el Apéndice A, *Parecidas pero diferentes*, en la página 180, si necesita revisar el significado de las palabras.

1. Un grupo de chicas (dejaron/salieron de) La Habana para ir a trabajar en un cafetal como un servicio para su (patria/campo).

2. Primero viajaron en guagua y después un camión las (llevó/tomó) a las montañas.

3. Durante el viaje, cantaban una canción que (conocían/sabían) aunque no (conocían/sabían) a su protagonista.

4. A las chicas les gustaba (dormir/soñar) más cuando hacía frío.

5. La narradora se (movía/mudaba) mucho en su hamaca.

6. (Un tiempo/Una vez/Una hora) todo el mundo se levantó temprano.

7. Una de las chicas (preguntó/pidió) qué le había pasado a un árbol muy (antiguo/anciano) que estaba frente a la casa.

8. Cuando la narradora ve que el árbol no está donde estaba, (se hace/se pone/llega a ser) muy nerviosa y (se siente/siente) miedo.

9. La tarde anterior había estado (extraña/extranjera).

10. (Parecía/Aparecía/Miraba) que los perros también (sentían/se sentían) nerviosos.

11. Era necesario (devolver/volver) al pueblo y (tenían/tenían que) caminar seis kilómetros.

12. Ella dice que (tardó/duró) más tiempo en llegar por culpa de los perros.

13. Por el camino, no (pensaba en/pensaba de) la situación tan peligrosa en que estaba (pero/sino/sino que) recordaba las (letras/cartas) de Manolo que (dejó/salió) en la casa de Ibrahim.

14. Mientras la narradora estaba (sentada/sentándose) (probando/tratando de) calmar a los perros, un hombre la (ayudó/asistió/atendió) a subir la loma.

15. La narradora (se da cuenta/realiza) del peligro cuando llega al pueblo, especialmente cuando ve a un hombre (herido/injuriado).

16. Una de las pencas que volaban con la fuerza del viento le (hizo daño/dolió).

Exprese su opinión

Conteste las preguntas siguientes.

1. La narradora describe la violencia del huracán aunque no sabe completamente la gravedad del asunto. ¿Qué elementos de esa descripción puede usted mencionar?

2. La narradora recuerda algunas escenas de películas que había visto. ¿Cuáles son y por qué las recuerda?

3. ¿Qué otros desastres naturales conoce usted? ¿Alguna vez ha tenido una experiencia de este tipo? ¿Cómo fue?

4. ¿Cuál cree usted que fue la reacción de Manolo cuando supo lo que había pasado? ¿Por qué?

5. ¿Qué opina usted sobre usar estudiantes para realizar trabajos sociales? ¿Qué tipo de trabajo realizaría usted?

Tema para crear

Por desgracia, hoy día son más frecuentes los desastres ecológicos cuyas causas no son naturales sino humanas. ¿Qué sabe usted sobre esto? ¿Podemos hacer algo para ayudar a conservar nuestro medio ambiente? ¿Qué? Busque información y escriba una composición sobre este tema.

Gabriel Garboso

Iván Egüez (Ecuador)

ANTES DE LEER

Vocabulario para la lectura.

Estudie las palabras y frases siguientes:

1. **conducir (conduzco)** *to drive* ¿Recuerdas cuando conducías por la Avenida de los Aviadores?
2. **apurado/a** *rushing, in a hurry* Ibas apurado al gimnasio donde te esperaban impacientes las hijas del Mayor López.
3. **de improviso** *unexpectedly* El apuro y el tráfico te impidieron parar de improviso.
4. **víspera** *day before* Divisaste a la muchacha en el sitio exacto de la víspera.
5. **jaula** *cage* Los militares han importado carros como éste y la gente ha comenzado a llamarles jaulas.
6. **castigo** *punishment* Carcoso era vago y lo enrolaron al Ejército de castigo.
7. **mudez (la)** *muteness* Ella se repuso de tu mudez.
8. **operarse** *to undergo surgery* Mañana viajo a Estados Unidos a operarme.
9. **habla (f.** but **el/un habla)** *speech* Ruega a Dios que recupere el habla.
10. **evitar** *to avoid* Desde el día siguiente manejabas como escondido, evitando la avenida.

11. **semáforo**   *traffic light*   Distraído te pasaste el semáforo.

12. **venda**   *bandage*   Te llevaron al Hospital Militar y te llenaron de vendas.

13. **pesadilla**   *nightmare*   Me di a escribir esta historia para contarle la pesadilla.

¡Vamos a practicar!

Complete las oraciones con la forma adecuada de las palabras o frases de la lista de vocabulario.

1. Mi abuelita tenía cataratas y _____ el año pasado.

2. Dos coches chocaron en la intersección de esas calles porque el _____ no funcionaba.

3. La _____ de un viaje siempre hay muchas cosas que hacer.

4. Anoche tuve una _____ y comencé a gritar.

5. Si él es culpable, debe recibir un _____.

6. La enfermera le cambia las _____ al paciente todos los días.

7. El especialista dice que su _____ es producto de una experiencia traumática de su infancia y cree que puede recuperar el _____.

8. Cuando salgo _____ siempre se me olvida algo.

9. Ella _____ hablar de ese asunto porque todavía le resulta doloroso.

10. Desde que tuvo el accidente, Marcos _____ con mucho cuidado.

11. Llámala antes porque no le gusta que nadie vaya a visitarla _____.

12. Puse a mi gato en una _____ porque los animales no pueden viajar en el avión con los pasajeros.

Sobre el autor ⚡⚡⚡⚡⚡⚡⚡⚡⚡⚡⚡⚡⚡⚡⚡⚡⚡⚡⚡⚡⚡⚡⚡⚡⚡⚡⚡⚡

Iván Egüez nació en Quito, Ecuador, en 1944. Ha participado en los movimientos político-culturales de su país a la vez que ha desarrollado su capacidad creativa tanto en los géneros del cuento, la poesía y la novela, como en sus contribuciones a revistas especializadas. En la *actualidad es profesor de la Universidad Central de Quito. El cuento escogido pertenece a la colección* El triple salto *(1981), que trata, en su mayoría, asuntos de la vida del circo. En casi todos los cuentos los personajes llevan una doble vida que al final los conduce a su propia destrucción.*

Usted sabe más de lo que cree

En el cuento siguiente hay varias palabras y frases que forman parte de lo que se llama **jerga** (slang). *El protagonista prefiere decir* «nones» *en lugar de* no, «chupando bielas» *en lugar de* bebiendo cerveza, «un cuerazo» *y* «pituquísima» *para referirse a* una chica muy atractiva, «humo» *en lugar de* nada. *La forma de expresión de una persona dice mucho sobre ella. ¿Qué opina usted sobre una persona que se refiere a la esposa de su jefe como* «la vieja» *y a las hijas y sobrinas de éste como* «las gordas»?

La chica «pituquísima» *de que habla el protagonista hace uso de palabras que no proceden del español. Observe con cuidado las palabras siguientes:* tenquiu, draivin, plis, okey. *Léalas en voz alta. ¿Puede usted reconocerlas? ¿De qué lengua proceden? Cuando lea el cuento, piense en una explicación para el uso de estas palabras conocidas como* anglicismos.

Preguntas de orientación.
Las preguntas siguientes le ayudarán a comprender mejor el cuento.

1. ¿Qué características tiene el gobierno de algunos países de América Central y América del Sur? ¿Qué consecuencias tiene esto en la organización social de estos países?

2. ¿Qué puede hacer una persona cuando quiere impresionar a otra pero no tiene las cualidades necesarias?

3. ¿Cómo se comunica una persona que no puede hablar?

Preguntas de anticipación.
Piense en las preguntas siguientes mientras lee el cuento.

1. ¿Cuál es el trabajo de Gabriel?

2. ¿Qué le hace él creer a Rosalba? ¿Rosalba a él?

3. ¿Por qué no tiene éxito ninguno de los dos?

∽∽∽∽∽ Gabriel Garboso ∽∽∽∽∽

¿Recuerdas Gabriel aquella tarde de octubre, cuando conducías apurado el Galaxie por la avenida de los Aviadores rumbo al° gimnasio donde debían estar esperando impacientes las hijas del Mayor López? A la altura de° las Fuentes Luminosas una
5 muchacha te hizo señas para que la llevaras, pero el apuro, y sobre todo el tráfico apretado,° te impidieron parar así de improviso. Te gustó la silueta airosa,° arrebujada° en un largo abrigo de gamuza, con solapas° levantadas como aletas.° Del rostro apenas alcanzaste a retener esa palidez a leguas y la vaga idea de una nariz respingona,°
10 delicadamente levantada hacia la cordillera. Cuando llegaste al Gimnasio dijiste: Más el apuro y las gordas todavía sin vestirse. Y te quedaste pensando en la muchacha de la avenida de los Aviadores.

Al siguiente día, cuando quizás ibas escuchando en el radio del lujoso Galaxie que los dueños de los ingenios° habían decidido
15 subir el precio del azúcar pese a las protestas, o ibas pensando que ojalá hasta el viernes te paguen la quincena,° divisaste de pronto a la misma muchacha en el sitio exacto de la víspera. Corazón saltado frenaste° a unos diez metros y ella vino corriendo con las manos en los bolsillos del abrigo. Gracias, es tan difícil el transporte en esta

rumbo... heading for
A... Even (parallel) with
heavy
graceful/wrapped up
lapels/fins, little wings
turned-up

sugar mills

fortnight

you braked

20 avenida. Vos* Gabriel, atlético y bien parecido,° con esa camisita **bien...** good-looking
sport que exaltaba tus biceps, no hiciste ningún comentario, y sin
saber por qué, te limitaste únicamente a levantar un poquitín el
cuerpo hacia el retrovisor° para comprobar que tenías una sonrisa   rearview mirror
nerviosa. Advertiste que la chica se cortó un tanto° como si su tono   **se...** she was
25 jovial y su rostro alegre hubieran sido sorprendidos en falta. La   somewhat embarrassed
oíste carraspear° y la viste cruzar las puntas del abrigo sobre las   clearing her throat
rodillas. Sonreíste con esa sonrisa burlona° que te producía la   mocking
palabra Epaminondas (le pusiste ese apodo° al Mayor López, a la   nickname
semana de haber sido designado chofer de él, cuando en su casa te
30 hicieron pasar por la puerta del servicio y te sacaron tres platos de
ensalada a medio empezar diciéndote pase-pase venga-venga,
coma-coma. Comiste en el traspatio apoyado en la jardinera, junto
a la casa de un perrazo que salió, te bostezó,° y se volvió a entrar   **te...** yawned at you
para seguir la siesta. Viéndole dijiste: fruncido° y vago° como mi   wrinkled/lazy
35 Mayor. Y escuchaste que desde adentro la señora decía a una de las
hijas: Dile al tal° Gabriel Carcoso que en vez de estarse asoleando le   **Dile...** Tell that
lleve a dar un paseo al Epaminondas. Claro que tu nombre es
Gabriel Garboso, pero la vieja se creía muy ocurrida).° Mientras   witty
te acordabas de todo esto como un torbellino,° te cogió el rojo del   whirlwind
40 semáforo;° entonces ibas a preguntarle algo a tu preciosa acom-   **te...** the traffic light suddenly turned red
pañante, pero pajarita y gata te dijo: Señor, ¿sabía que los militares
han importado carros como éste y la gente ha comenzado a
llamarles jaulas? Vos Gabriel, confundido entre lo que ibas a
preguntar y lo que ella decía, no atinaste sino° a mover como tonto   **no...** you just managed
45 la cabeza, a mirar cómo abría la ventana y sacaba su codo° al aire.   elbow
Se opacó nuevamente la chica pensando quizá que se trataba de un
señor cascarrabias° y amargado.° Me creará un ricacho intratable,°   irritable/embittered
te dijiste para consolarte. Ella apoyó la cabeza en el brazo que tenía   **ricacho...** unsociable moneybags
sobre la ventanilla y se puso a observar el camino demostrando
50 también indiferencia. Sin embargo varias veces se encontraron
mirándose con el rabillo del ojo,° y mientras a ella esto le dio un   **con...** out of the corner of their eyes
airecito de seguridad y autosuficiencia, a vos te molestó por im-
ponderables conclusiones que te llevaban a sentirte en desventaja.
Hubieras querido decirle hasta aquí no más° que voy a doblar a la   **no...** only
55 izquierda, o que te está doliendo la cabeza, que te disculpe, que de
regular° no eres tan callado. Pero ella poniendo súbitamente la   **de...** usually
mano en tu rodilla dijo «Tenquiu, aquí me quedo».

*En la región del Río de la Plata (Argentina, Uruguay y Paraguay) y buena parte de Centroamérica, existe el pronombre *vos* que se usa en lugar de *tú*.

Mientras por el espejito la mirabas alejarse, te salieron por fin los pensamientos en voz alta: Qué torpe, la dejé ir sin haberle dicho
60   palabra, ni siquiera le pregunté el nombre, estando tan linda, tan conversona,° con ese perfil de artista y no fui capaz de decirle ni esta boca es mía.° El resto de la semana pasaste dando vueltas por el sector, apegado a la vereda,° deslizándote suave° como en mortuorio de rico. Pero nones. Y el domingo después del fútbol,
65   chupando bielas donde las Huacas, le ponderabas al Rafico: ¡Dime si no soy salado,° me hice un levante de película,° un cuerazo hermano,° pituquísima, de abrigo de gamuza y pierdo el número del teléfono!

El lunes volviste a la carga.° A la hora del gimnasio te diste
70   vueltas por las transversales, preguntaste disimuladamente en el negocio de la esquina, le averiguaste de frentón° al que parcha las llantas° en la vulcanizadora. Pero humo. Una tarde que andabas con la jaula repleta de hijas y sobrinas del Epaminondas la viste a la altura de la Universidad. Vos virabas la plaza Indoamérica pegado
75   al redondel y ella anclada° en la vereda del otro lado sin poder cruzar la vía. Se vieron, se hicieron señas desesperadas. Vos con la bocina° y las luces, ella agitando el bolso como honda. Las gordas se dieron cuenta del encontrón° y en casa comentaron: Mami, no va a creer, el Carcoso saludando con una chica chévere.° Y hubieras visto
80   mami, ella casi se bota de° la vereda. Y la vieja: el papi dice que al Carcoso lo metieron de° chofer porque era vago en el colegio y lo enrolaron al Ejército de puro° castigo, que por eso ahora anda feliz con el papi que es de Inteligencia y no se uniforma y no lo hace uniformar a él tampoco.
85   Esa noche no pudiste dormir Gabriel Garboso. Estabas seguro que al otro día, a la misma hora y en el mismo sitio de la primera vez, la ibas a encontrar. Y ahí estuvo. La divisaste desde lejos, como a un puerto. Y ella igual, cuando alcanzó a ver el coche, se adelantó con las manos en los bolsillos, con la forzada parsimonia de quien
90   se acerca a recibir el premio que ha estado esperando toda la vida. Subió y con una confianza de años te dijo: «Hola». Y vos Gabriel, galán de cuarta,° te volviste a tarar,° a no pronunciar palabra. Pero de pronto te vino una idea, te creíste genial, volviste a estar seguro de vos mismo, a tomar las riendas° del asunto y sonreíste como
95   cuando al perezoso Epaminondas lo llevas a dar su clásico paseo de perro de rico y le dices «Ordene mi Mayor, ¿a dónde lo llevo? ¿Quiere ir de putas° mi Mayor?». Abriste la guantera° Gabriel, sacaste una

talkative
ni... not even a word
apegado... close to the sidewalk (Ec.)
slowly

unfortunate / **me...** I made a sensational conquest
un... quite a woman, my friend
volviste... you renewed the attack
de... straight-forwardly
al... the one who patches the tires
anchored
horn

sudden encounter
nice
se... jumps out of
lo... he was made
de... just as

galán... fourth-rate lover / **te...** you behaved like an idiot
reins

de... whoring
glove compartment

libreta, la pusiste sobre la falda de ella,° sacaste tu bolígrafo del bolsillo y escribiste «Hola ¿cómo te llamas?». Entonces ella,
100 reponiéndose de tu mudez a cuestas, pero al mismo tiempo desilusionada y compasiva, te dijo aparentando naturalidad: «Me llamo Rosalba, desde la ventana de mi casa te he visto pasar todos estos días pero pensaba que no te acordarías de mí. Ayer me alegré mucho de que me reconocieras, y ahora ya ves, qué coincidencia».
105   Empezaste a gozar de tu patraña,° así borrabas esa imagen de tímido, esa impresión de montaraz° que hasta ese momento habías venido dando. En el fondo° Gabriel, era tu pequeña venganza por anticipado, porque sabías que algo doloroso te atraía y alejaba de esa muchacha. Quisiste, masoquista Gabriel, cortar con tu propia
110 mano ese sueño de cenicienta° que te venía atormentando desde que la conociste. ¿Dónde quieres ir?, escribiste en la libreta. Y cuando esperabas que ella te ponga la mano en la rodilla y te diga «Gracias aquí me quedo», ella dijo «A un draivin plis». Y vos pensaste: «Debe ser de las que toman el desayuno en la cama». Era
115 la primera vez que ibas a uno de esos comederos° hechos para gente que no se baja del carro ni para comer. Seguiste en la farsa, escribiendo preguntas y respuestas en la libreta, pero sobre todo, escuchándola fascinado como desmadejaba° conversaciones para ti, como se acomodaba a tu pinche° diálogo de telegrafista: Soltero,
120 35. Ganadero de sangre° (¿es eso lo que era ese señor ricacho que habló de recompensas con Epaminondas aquí en el carro?). Hijo único, madre en EU, padre muerto. Y ella: tengo diecinueve años, estudio Business Administration en la Universidad, sueño con conocer Acapulco y Miami, mi mayor ambición, graduarme y lle-
125 gar a tener una empresa° propia. Vivo sola, mis papis están en Europa. Vos Gabrielillo, en vez de estar esperando que las gordas Epaminondas salgan del gimnasio, te quedaste tomando banana split (porque eso fue lo que pidió tu reina). Y como se pasaba la hora,° escribiste: «Tengo que ir a cambiarme de ropa. A la noche
130 reunión de ganaderos. Te veré mañana». Y ella «okey, si quieres te doy mi teléf... perdón, te espero a cualquier hora, no voy a salir de casa, pasaré estudiando». Fuiste a dejarla a la Facultad. Delante de todos los compañeros que chicoteaban° en la vereda, se acercó y te besó en la boca Gabriel, como si fueran novios. Casi desvanecido,°
135 empezaste a ver mariposas.° Te dijiste: «Es increíble, cree que soy mudo, no le importa, me ha dado un beso, mañana la veré en su departamento sola, juro como que soy Gabriel Garboso que la tiro.°

---

sobre... over her lap

hoax
unsociable
En... Deep down

Cinderella

cheap restaurants

unraveled
deficient
purebred cattle
   raiser

business

como... since time
   was running out

were clowning
   around
fainted
butterflies

la... I will have
   (possess) her.

Cuando le tome gusto° al asunto me caso y le cuento la verdad. Cosita rica, mamacita».

140   Al siguiente día, ella en la puerta de calle, estaba lista, con las manos en los bolsillos de su abrigo de gamuza. Vos que pensaste que ibas a estar con ella en su casa solos, te pusiste intranquilo pensando no solamente en que se hizo agua la fiesta,° que te dejó, como se dice, con la bata alzada,° sino también en el riesgo° de que
145 alguien te encuentre paseando y descubra la mentira de que ibas a llevar el carro a cambiar de filtros. Ella feliz, cómo estás Gabi, y vos aguantándote° como héroe las ganas de hablar, sólo sonriendo, escuchando, haciendo señas de que a dónde vamos, y ella por aquí a ver unas compañeras, por acá donde la costurera, por acá a pedir
150 unos copiados° y gracias Gabi me voy a clases, mañana quiero que vengas a ayudarme a escoger un vestido, chao amor, chao mi silencioso, a las cuatro le espero mi cielo, piénseme mucho y muchita con su boca carnosa y húmeda. Hasta que te decidiste Gabriel. Fuiste a verla con un papel en la mano: «Mañana viajo
155 a Estados Unidos a operarme. Regreso en quince días. Ruega a Dios que recupere el habla». Y ella, lágrimas, gruesas lágrimas despidiéndose en media calle. Vos Gabrielote, desde el siguiente día evitando la avenida, manejando como escondido, con gafas oscuras, con gorrita,° conduciendo como lelo,° pensando cómo salir
160 del lío,° hasta que por distraído te pasaste el semáforo y te dejaste embestir° por aquel volquete° del Municipio que te empinó como a un pelele° en el Galaxie. Te llevaron al Hospital Militar, te llenaron de vendas, te hicieron tragar mucho mertiolate, y entre los moscardones° de la anestesia creíste oír que te encontraron casi
165 degollado, con la cabeza metida en el volante,° remordida° la lengua y que te iban a reventar° los tímpanos° para que te acercaras al modelo del sirviente perfecto.

   Entonces me di a escribir° esta historia para contarle la pesadilla de la lengua cercenada.° Al leerla, Rosalba lloró. Lloró
170 silenciosamente en ese cuartucho° donde vivía con toda su familia. Por vez primera, rosa del alba sin disfraces° de gamuza ni siestas en Miami.

le... she takes a liking

se... the party was ruined
te... she stood you up, as they say/risk

holding back

class notes

cap/como...stupefied
mess
to smash/dump truck
te... rose you up like a puppet
hornets
steering wheel/biting off
to burst/eardrums

me... I devoted myself to writing
cut off, amputated
hovel
disguise

DESPUES DE LEER

¿Qué pasó?

Conteste las preguntas siguientes.

1. ¿Quién era Epaminondas?

2. ¿Cómo explica la esposa del Mayor López el trabajo que consiguió Gabriel?

3. ¿Cómo conoció Gabriel a Rosalba?

4. ¿Por qué le dijo Gabriel a Rafico que era salado? ¿Es esto verdad?

5. ¿Cuántas veces se encontraron Gabriel y Rosalba? ¿Qué hicieron en esos encuentros?

6. ¿Qué inventó Gabriel para poder explicar que él no era mudo en realidad?

7. ¿Qué le sucedió a Gabriel después de su último encuentro con Rosalba?

8. ¿Qué descubrió Gabriel cuando fue a visitar a Rosalba?

¿Cuándo pasó?

Enumere las acciones en orden cronológico, como debieron haber ocurrido en la realidad.

_____ Gabriel dice que va a cambiarle los filtros al carro pero en realidad va a encontrarse con Rosalba.

_____ Gabriel descubre que Rosalba también había mentido.

_____ Gabriel va a buscar a las hijas de su jefe y ve a Rosalba pero no puede parar.

_____ Gabriel le dice a un amigo que perdió el número de teléfono de una chica que conoció.

_____ Gabriel tiene un accidente y pierde la lengua.

_____ Gabriel le ofrece transportación a Rosalba y ella habla todo el tiempo.

_____ Gabriel vuelve a ver a la chica mientras lleva a las hijas y sobrinas de su jefe en el carro.

_____ Gabriel usa una libreta para comunicarse con Rosalba y ella cree que él es mudo.

_____ Gabriel escribe su historia para informarle a Rosalba lo que le sucedió.

_____ Gabriel le dice a Rosalba que viajará a los Estados Unidos para operarse y posiblemente recuperar el habla.

En otras palabras

A. Definiciones.   Defina con una frase:

1. víspera

2. el espejo retrovisor

3. semáforo

4. jaula

5. un señor cascarrabias

6. bocina

7. mudez

8. telegrafista

9. héroe

10. degollar

B. ¿Recuerda el sinónimo?   Escoja el número correspondiente.

1. pese a   _____ conductor

2. divisar   _____ disfrutar

3. chofer   _____ nervioso

4. vago   _____ ver

5. disculpar   _____ engaño

6. vereda   _____ manejar

7. gozar   _____ acera

8. empresa   _____ perdonar

9. intranquilo   _____ a pesar de

10. conducir   _____ perezoso

11. patraña   _____ negocio

C. ¿Recuerda el antónimo?   Escoja el número correspondiente.

1. apurado   _____ oscuro
2. callado   _____ saludar
3. repleta   _____ premio
4. casado   _____ hablador
5. alejar   _____ delgado
6. despedirse   _____ vacía
7. claro   _____ soltero
8. castigo   _____ acercar
9. grueso   _____ despacio

D. ¿Qué palabra falta?   Complete las oraciones con la palabra adecuada de la lista siguiente.

apodo	embestir	lengua	patraña
castigo	escondido	lujoso	perezoso
conducir	frenar	mudo	pesadilla
cuartucho	habla	operarse	semáforo

Gabriel _____ un coche _____ cuando vio a una chica muy bonita. Decían que era _____ y que ese trabajo era un _____ por esa razón. Trabajaba con disgusto y usaba un _____ para su jefe.

Otro día volvió a ver a la chica y _____ porque iba solo. Ella creyó que él era _____ porque primero él no le decía nada y luego le escribía en una libreta. Le informó de que necesitaba _____ para recuperar el _____. Entonces comenzó a ir en el coche como _____ porque no quería volver a ver a la chica. Pasó con el _____ rojo y un camión lo _____. Como consecuencia, perdió la _____. Fue a visitar a la chica para contarle la _____ que le había ocurrido. Ella vivía en un _____. Todo había sido una _____.

Parecidas pero diferentes

Complete las oraciones siguientes con las palabras correctas entre paréntesis. Puede consultar el Apéndice A, *Parecidas pero diferentes,* en la página 180, si necesita revisar el significado de las palabras.

1. Gabriel (tenía/tenía que) (tomar/llevar) a las hijas de su jefe al gimnasio y luego (regresar/devolver) a (la hora/el tiempo) en que ellas (salían/dejaban).

2. Una tarde cuando él estaba (libre/gratis), por casualidad (sucedió/logró) encontrar a una chica que había visto antes y que estaba (mirando/buscando).

3. Ella estaba en el (mismo sitio/sitio mismo) al día siguiente porque tenían (una cita/una fecha/un dato).

4. Gabriel usó una libreta y un bolígrafo para (pedirle/preguntarle) el nombre a la chica.

5. Su plan (sucedió/tuvo éxito) porque la chica creyó que él era mudo.

6. Ella hablaba mientras él estaba (callado/quieto).

7. Ella le dijo que vivía (sola/soltera) y que sus (padres/parientes) estaban en Europa.

8. También le dijo que los negocios eran (el sujeto/la asignatura) de su especialidad.

9. Gabriel le escribe que era hijo (sólo/único) y que era (soltero/solitario).

10. Gabriel le dijo que era ganadero porque no quería que ella (supiera/conociera) su (puesto/posición) (real/verdadero).

11. El no le dijo que conducía un carro (ajeno/extraño) porque era el chofer de un militar.

12. El (salió/dejó) a la chica en (el colegio/la universidad).

13. Gabriel tuvo un accidente y le dieron anestesia para que pudiera (sostener/apoyar/soportar) el dolor.

14. Cuando él fue a la casa de Rosalba para contarle su (cuento/cuenta), los dos (se dieron cuenta de/realizaron) que habían mentido.

Exprese su opinión

Conteste las preguntas siguientes.

1. ¿Por qué cree usted que los personajes del cuento mienten? ¿Cuál es la mentira de cada uno y por qué escogen esas cualidades?

2. ¿Qué opina usted de la conducta de Rosalba cuando Gabriel le ofrece transportación? ¿Qué efectos tiene en él?

3. En el cuento se menciona a Cenicienta *(Cinderella)*, la protagonista del cuento del mismo nombre. ¿Qué parecidos y qué diferencias hay entre los dos?

4. ¿Por qué después del accidente se dice «te iban a reventar los tímpanos para que te acercaras al modelo del sirviente perfecto»? ¿Qué características debe tener el sirviente perfecto y por qué?

5. ¿Por qué es irónico el final del cuento?

6. ¿Qué hace usted cuando quiere conocer a un chico o a una chica?

Tema para crear

Gabriel Garboso visita a Rosalba para explicarle toda la verdad. Imagine que usted es Gabriel y escriba el texto que Rosalba va a leer.

14

Tres hombres junto al río

René Marqués (Puerto Rico)

ANTES DE LEER

Vocabulario para la lectura.

Estudie las palabras y frases siguientes:

1. **hormiga** *ant*   Vio la hormiga subir decidida.
2. **titubear** *to hesitate*   Vio la hormiga titubear un instante y subir decidida.
3. **sombra** *shadow*   Las sombras empezaban a alongarse en el bosque cercano.
4. **bosque (el)** *woods*   Las sombras empezaban a alongarse en el bosque cercano.
5. **compartir** *to share*   Sintió una gran gratitud hacia ellos por compartir su fe en el acto sacrílego.
6. **rabia** *fury*   Apretó sus mandíbulas con rabia.
7. **infierno** *hell*   Y la tierra tuvo un nombre, un nuevo nombre: Infierno.
8. **vientre (el)** *belly*   Sus ojos se detuvieron en el vientre.
9. **hinchado/a** *swollen*   El vientre estaba horriblemente hinchado.
10. **carne (la)** *flesh*   Pensó que aquella carne era tan blanca como la pulpa del guamá.
11. **permanecer (permanezco)** *to remain*   Su rostro permaneció duro como una piedra.

12. **hueso** *bone*   ¿Hombre de carne y hueso, como nosotros?

13. **carcajada** *burst of laughter*   Entre carcajadas oyó cómo repetían las voces :«¡Loco!» «¡Loco!»

14. **venganza** *vengeance, revenge*   Surgiría de las aguas como un dios de la venganza.

15. **respirar** *to breathe*   Hipnotizados, respiraban apenas.

16. **ronco/a** *hoarse*   Echó al silencio de la noche el ronco sonido prolongado de su triunfo.

¡Vamos a practicar!

Complete las oraciones con la forma adecuada de las palabras o frases de la lista de vocabulario.

1. Los caníbales comen ＿＿＿＿＿＿ humana.

2. El ＿＿＿＿＿＿ tropical tiene especies únicas de flora y fauna.

3. Grité muchísimo en el partido de fútbol y ahora estoy ＿＿＿＿＿＿.

4. Para determinar la hora usando un reloj de sol se necesita ver la dirección de la ＿＿＿＿＿＿.

5. Vamos a las montañas para ＿＿＿＿＿＿ el aire puro.

6. Cuando no entendemos algo, es mejor no ＿＿＿＿＿＿ y hacerle preguntas al profesor inmediatamente.

7. El boxeador recibió un golpe en un ojo y ahora lo tiene ＿＿＿＿＿＿.

8. Cuando mi perro está comiendo un ＿＿＿＿＿＿ no le interesa jugar conmigo.

9. Este insecticida mata ＿＿＿＿＿＿ y cucarachas.

10. La familia de la víctima pide ＿＿＿＿＿＿.

11. Los chistes de mi padre siempre producen las ＿＿＿＿＿＿ de toda la familia.

12. Creo que algo que comí me hizo daño porque ahora tengo dolor en el ＿＿＿＿＿＿.

13. El hombre tenía mucha ＿＿＿＿＿＿ y lo insultó.

14. El día de Navidad todas las tiendas ＿＿＿＿＿＿ cerradas.

15. En las representaciones tradicionales del _____ siempre hay fuego y muchos demonios que torturan a las personas condenadas.

16. Margarita y yo _____ el cuarto en la residencia estudiantil y somos buenas amigas.

Sobre el autor

René Marqués *nació en Arecibo, Puerto Rico, en 1919 y murió en 1979. A pesar de que estudió agronomía, se dedicó al mundo de la literatura muy temprano. Caso único en la literatura puertorriqueña, cultivó todos los géneros aunque fue más conocido por su obra dramática. Llegó a ser el escritor puertorriqueño más reconocido y premiado no sólo en su país, sino en el exterior. En el año 1958 recibió todos los premios del Ateneo Puertorriqueño en las categorías de cuento, ensayo, novela y drama. El cuento incluido en esta antología ganó el Primer Premio del Cuento Histórico del Instituto de Cultura Puertorriqueña (1959) y pertenece al libro* En una ciudad llamada San Juan *(1960). Es un ejemplo de cuento de asunto histórico porque se inspira en un hecho real: la rebelión indígena contra los conquistadores españoles en 1511.*

Usted sabe más de lo que cree

En el próximo cuento, usted tiene la oportunidad de contemplar el mundo a través de los ojos de un indio. Lea el cuento una primera vez sólo para obtener la idea principal. Observará que hay muchas palabras indias que constituyen la forma de expresión espontánea y natural del personaje. Algunas se refieren a la flora (guayacán, tabonuco, majagua, achiote), *otras a la fauna* (higuacas, coquíes), *o están relacionadas con la vida diaria de los indios* (hamaca, dujo, nagua, fotuto, yuca, casabe), *y su organización social* (yucayeke, areyto), *política* (cacique, naborias, guasábara) *y religiosa* (cemí, cohoba, Yuquiyú, Jurakán). *¡No se preocupe! Casi todas se encuentran traducidas o explicadas en las notas. Las que no aparecen en las notas están traducidas o explicadas en el Apéndice B, en la página 205. Sin embargo, trate de adivinar su significado usando el contexto. Algunas, como* cacique, casabe, hamaca, yuca *y* Jurakán, *han entrado al inglés. ¿Puede usted reconocerlas? Cuando lea el cuento por segunda vez, piense si se podrían eliminar esas palabras o sustituirlas por palabras en español sin consecuencias para el cuento. ¿Por qué?*

Preguntas de orientación.

Las preguntas siguientes le ayudarán a comprender mejor el cuento.

1. ¿Qué motivaciones tenían los conquistadores españoles cuando llegaron al territorio que luego se conoció como «el Nuevo Mundo»?

2. ¿Qué encontraron allí?

3. ¿Cómo fueron las relaciones entre los conquistadores y los habitantes del territorio conquistado?

Preguntas de anticipación.

Piense en las preguntas siguientes mientras lee el cuento.

1. ¿Quiénes son los «tres hombres junto al río»?

2. ¿Cuánto tiempo hace que están allí y por qué?

3. ¿Qué descubren después de ese tiempo?

∽∽∽∽∽ Tres hombres junto al río ∽∽∽∽∽

Mataréis al Dios del Miedo, y
sólo entonces seréis libres.

R. M.

Vio la hormiga titubear un instante y al fin subir decidida
por el lóbulo° y desaparecer luego en el oído del hombre. Como si
hubiesen percibido el alerta de un fotuto,° para él inaudible, las
otras emprendieron° la misma ruta, sin vacilar siquiera,° inva-
5 diendo la oreja de un color tan absurdamente pálido.

    Observaba en cuclillas,° como un cacique° en su dujo,° inmóvil,
con la misma inexpresividad de un cemí° que hubiesen tallado°
en tronco de guayacán en vez de labrado° en piedra. Seguía sin
pestañear° la invasión de los insectos en la oreja del hombre. No
10 experimentaba ansiedad, ni alegría, ni odio. Observaba, sencillamente. Un fenómeno ajeno a él,° fatal, inexorable.

    El crepúsculo teñía° de achiote° el azul del cielo sobre aquel
claro junto al río. Pero las sombras empezaban a alongarse en el
bosque cercano. Toda voz humana callaba ante el misterio. Sólo
15 las higuacas° en la espesura° ponían una nota discordante en el
monótono areyto° del coquí.°

    Alzó la vista y vio a sus dos compañeros. En cuclillas también,
inmóviles como él, observando al hombre cuya piel tenía ese color
absurdo del casabe.° Pensó que la espera había sido larga. Dos veces
20 el sol se había alzado sobre la Tierra del Altivo Señor[1] y otras tantas°
la había abandonado. Sintió una gran gratitud hacia ellos. No por
el valor demostrado. Ni siquiera por la paciencia en la espera, sino
por compartir su fe en el acto sacrílego.

    Tenía sed, pero no quiso mirar hacia el río. El rumor de las

lobe
horn
started/**sin...** without
   even hesitating
en... squatting/Indian
   chief/three-
   legged seat/idol/
   carved
cut
blinking

ajeno... strange to him
dyed/orange-red

parrots/thickness
song/small frog

that is, white
otras... just as many

---

[1]**Tierra...** significado en español de *Borinquen* (o *Boriquén*), el nombre que los indios le dieron a la isla de Puerto Rico.

25 aguas poseía ahora un sentido nuevo: voz agónica de un dios que
musitara° cosas de muerte. No pudo menos que estremecerse.° *El
frío baja ya de la montaña.* Pero en verdad no estaba seguro de
que así fuese. *Es el frío,* repitió para sí tercamente.° Y apretó sus
mandíbulas° con rabia.

30   Era preciso estar seguro, seguro de algo en un mundo que
súbitamente había perdido todo su sentido. Como si los dioses se
hubiesen vuelto locos, y el Hombre sólo fuese una flor de majagua
lanzada al torbellino de un río, flotando apenas, a punto de
naufragio, girando, sin rumbo° ni destino, sobre las aguas. No
35 como antes, cuando había un orden en las cosas de la tierra y de
los dioses. Un orden cíclico para los hombres, la paz del yucayeke°
y el ardor de la guasábara,° la bendición° de Yuquiyú° y la furia de
Jurakán,° la vida siempre buena y la muerte mala siempre. Y un
orden inmutable para los dioses: vida eternamente invisible en lo
40 alto de la Montaña. Todo en el universo había tenido un sentido,
pues aquello que no lo tenía era obra de los dioses y había en ello
una sabiduría° que no discutían los hombres, pues los hombres no
son dioses y su única responsabilidad es vivir la vida buena, en
plena libertad. Y defenderla contra los Caribes,[2] que son parte del
45 orden cíclico, la parte que procede de las tinieblas.° Pero nunca las
tinieblas prevalecieron. Porque la vida libre es la luz. Y la luz ha de
poner en fuga° a las tinieblas. Desde siempre. Desde que del mar
surgiera° la Gran Montaña. Pero ocurrió la catástrofe. Y los dioses
vinieron a habitar entre los hombres. Y la tierra tuvo un nombre,
50 un nuevo nombre: Infierno.

       Desvió la vista° de sus dos compañeros y dejó escurrir su
mirada° sobre el cuerpo tendido° junto al río. Sus ojos se detuvieron
en el vientre. Estaba horriblemente hinchado. La presión había
desgarrado las ropas y un trozo de piel quedaba al descubierto.°
55 Pensó que aquella carne era tan blanca como la pulpa del guamá.°
Pero la imagen le produjo una sensación de náusea. Como si
hubiese inhalado la primera bocanada° de humo sagrado en el
ritual embriagante° de la cohoba.° Y, sin embargo, no podía apartar
los ojos de aquella protuberancia que tenía la forma mística de la
60 Gran Montaña. Y a la luz crepuscular, le pareció que el vientre
crecía° ante sus ojos. Monstruosamente creciendo, amenazador,
ocupando el claro junto al río, invadiendo la espesura, creciendo

---

Margin glosses:

would mumble / **No...** He could not help but to shudder
stubbornly
jaws

direction

town
battle / blessing / the good god / the evil god

wisdom

darkness

poner... to put to flight
came out

Desvió... He looked away
dejó... let his eyes wander / lying down
al... in the open
soft and downy pulp
puff
intoxicating / powders used as a narcotic

was getting bigger

---

[2]Indios que llegaron a las Antillas Menores procedentes del norte de América del Sur.

siempre, extendiéndose por la tierra, destruyendo, aplastando,°
arrollando° los valles, absorbiendo dentro de sí los más altos picos,
65 extinguiendo la vida... ¿La vida?

    Cerró los ojos bruscamente. *No creo en su poder. No creo.*
Volvió a mirar. Ya el mundo había recobrado su justa perspectiva.
El vientre hinchado era otra vez sólo eso. Sintió un gran alivio y
pudo sonreír. Pero no lo hizo. No permitió que a su rostro se
70 asomara el más mínimo reflejo de lo que en su interior pasaba.
Había aprendido con los dioses nuevos.

    Ellos sonreían cuando odiaban. Tras de° su amistad se
agazapaba° la muerte. Hablaban del amor y esclavizaban° al
hombre. Tenían una religión de caridad y perdón, y flagelaban°
75 las espaldas de aquéllos que deseaban servirles libremente. Decían
tener la humildad del niño misterioso nacido en un pesebre° y
pisoteaban° con furiosa soberbia los rostros de los vencidos.° Eran
tan feroces como los Caribes. Excepto quizás por el hecho de no
comer carne de hombre. Eran dioses, sin embargo. Lo eran por su
80 aspecto, distinto a todo lo por el hombre conocido.° Y por el trueno
que encerraban sus fotutos negros.° Eran dioses. *Mis amigos son
dioses*, había dicho Agüeybana el Viejo.[3]

    Sintió sobre sí la mirada de los otros, y alzó sus ojos hacia
ellos. Se miraron en silencio. Creyó que iban a decir algo, a sugerir
85 quizás que abandonaran la espera. Pero en los rostros amigos no
pudo discernir inquietud o impaciencia. Sus miradas eran firmes,
tranquilizadoras. Casi como si fuesen ellos los que trataran de
infundirle° ánimo. Otra vez tuvo deseos de sonreír. Pero su rostro
permaneció duro como una piedra.

90   Alzó la cabeza para mirar a lo alto. Las nubes tenían ahora el
color de la tierra. Más arriba, no obstante,° había reflejos amarillos.
Y era justo que así fuese, porque ése era el color del metal que
adoraban los dioses nuevos. Y allá, en lo alto invisible llamado Cielo,
donde habitaba el dios supremo de los extraños seres, todo sin
95 duda, sería amarillo. Raro, inexplicable dios supremo, que se hizo
hombre, y habitó entre los hombres y por éstos fue sacrificado.

    —*¿Pero era hombre? ¿Hombre de carne y hueso, como
nosotros?*—sorprendió con su pregunta al consejero° blanco de
nagua° parda, y cabeza monda° como fruto de higüero.

---

[3]Principal jefe indio de la isla cuando los conquistadores españoles llegaron.

Glosses (right margin):

flattening
sweeping away

Tras... Behind
se... was crouching/
enslaved
would whip

manger

would trample on/
defeated

todo... everything
known by man
sus... their guns

to instill

no... nevertheless

adviser

short cotton skirt/
bald

100   —Sí, hijo mío. Hombre.

—¿Y lo mataron?

—Sí, lo mataron.

—¿Y murió de verdad?° ¿Como muere un hombre?   **de...** really

—Como muere un hombre. Pero al tercer día había
105 resucitado.

—¿Resucitado?

—Se levantó de entre° los muertos. Volvió a la vida.   **de...** from among

—¿Al tercer día?

—Resucitado.

110   —Y si a ustedes los matan, ¿volverán a estar vivos al tercer
día?

—Sólo resucitaremos para ser juzgados.

—¿Juzgados?

—En el Juicio del Dios Padre.

115   —¿Y cuándo será ese día?

—Cuando no exista el mundo.

—¿Tardará mucho?

—¿Mucho? Quizás. Cientos, miles de años.

Y el dios de nagua parda había sonreído. Y posando° la   laying
120 mano derecha sobre su hombro desnudo, le empezó a hablar de
cosas aún más extrañas, con voz que sonaba agridulce,° como la   bittersweet
jagua.

—Tú también, hijo mío, si vivieras en la fe de Cristo, vivirías
eternamente...

125   El oía la voz, pero ya no percibía las palabras. Ciertamente
no tenía interés en vivir la eternidad bajo el yugo° de los dioses   yoke
nuevos. Agüeybana el Viejo había muerto. Le sucedía ahora
Agüeybana el Bravo.[4] Eran otros tiempos. Y si la magia de los
dioses blancos no tenía el poder de volverlos a la vida hasta el
130 fin del mundo...

La idea surgió súbita, como un fogonazo° lanzado° por   flash/fired
Jurakán. Su ser, hasta las más hondas raíces, experimentó el
aturdimiento.° Casi cayó de bruces.° Sintió un miedo espantoso   bewilderment/**de...**
de haberlo pensado. Pero simultáneamente surgió en él una   flat on his face
135 sensación liberadora. Se puso en pie con ganas de reír y llorar. Y
echó a correr dando alaridos.° Atrás quedó la risa de los seres   **dando...** yelling

---

[4]Sucesor de Agüeybana el Viejo. En 1511 empezó la rebelión indígena contra los conquistadores españoles.

blancos. Y entre carcajadas oyó cómo repetían las voces: ¡Loco!
¡Loco!

Bajó la vista y observó la marcha implacable de las hormigas.
140 Ya no subían por la ruta inicial del lóbulo. Habían asaltado la oreja
por todos los flancos y avanzaban en masa, atropelladamente, con
una prisa desconcertante, como si en el interior del hombre se
celebrase una gran guasábara.

—*Necesito una prueba, una prueba de lo que dices.*
145   —*Yo te traeré la prueba*—*dijo él a Agüeybana el Bravo.*

Forjó el plan a solas. Insufló su fe en dos naborias° rebeldes. domestic Indian
Cruzaron los tres el bosque y se pusieron en acecho.° Esperaron.   servants
Terminaba el día, cuando llegó a la orilla el hombre color de **en...** on watch
yuca.° Intentó dos veces vadear° el río. Podría creerse que no sabía edible white root/to
150 *nadar. O quizás sólo trataba de no echar a perder° sus ropas*   ford
nuevas. Miedo no sentiría. Era uno de los bravos. El lo sabía. **echar...** to ruin

Hizo seña° a los otros de que estuvieran listos. Y salió de la **Hizo...** He signalled
espesura. Saludó sonriendo. El podía conducir al dios blanco por
un vado seguro. El otro, sin vacilar, le extendió la mano.

155   *La mano color de yuca era fina como un helecho.° Y tibia* fern
como el casabe que se ha tostado al sol. La suya, en cambio,
ardía° como tea° encendida de tabonuco.° En el lugar previsto, was burning/torch/
dio un brutal tirón° de la mano blanca. Aprovechando la   resinous bark
momentánea pérdida de equilibrio, se abalanzó° sobre el cuerpo. tug
160 *Y hundió sus dedos en el cuello fino, y sumergió la dorada°* **se...** he rushed
cabeza en el agua que se rompió en burbujas.° Los otros ya golden
habían acudido en su ayuda. Aquietaban tenazmente los bubbles
convulsos movimientos, manteniendo todo el cuerpo bajo el agua.
Y fluyó° el tiempo. Y fluyó el río. Y el fluir de la brisa sorprendió flowed
165 *la inmovilidad de tres cuerpos en el acto sacrílego.*

Se miraron. Esperaban una manifestación de magia. No
podían evitar el esperarlo. Surgiría de las aguas como un dios de
la venganza.

Pero el dios no se movía. Lo sacaron de las aguas. Y
170 *tendieron sus despojos° en un claro junto al río.* remains

—*Esperemos a que el sol muera y nazca por tres veces*—*dijo*
él.

Esperaban en cuclillas. Se iniciaba el día tercero y la cosa
nunca vista aún podía suceder.

175   Desde el río subió súbito un viento helado° que agitó las yerbas   icy
junto al cuerpo. Y el hedor° subió hasta ellos. Y los tres aspiraron   stench
aquel vaho° repugnante con fruición,° con deleite casi. Las miradas   smell/enjoyment
convergieron en un punto: el vientre hinchado.

Había crecido desmesuradamente.° Por la tela desgarrada   extremely
180 quedaba ya al desnudo todo el tope° de piel tirante° y lívida.   upper part/tight
Hipnotizados, no podían apartar sus ojos de aquella cosa mons-
truosa. Respiraban apenas. También la tierra contenía su aliento.°   contenía... was
Callaban las higuacas en el bosque. No se oían los coquíes. Allá   holding its breath
abajo, el río enmudeció el rumor del agua. Y la brisa se detuvo
185 para dar paso al° silencio. Los tres hombres esperaban. De pronto   dar... to open the
ocurrió, ocurrió ante sus ojos.   way to

Fue un estampido de espanto.° El vientre hinchado se abrió   un... a frightening
esparciendo° por los aires toda la podredumbre° que puede contener   bang
un hombre. El hedor era capaz de ahuyentar° una centena. Pero   spreading/rottenness
190 ellos eran tres. Sólo tres. Y permanecieron quietos.   to scare away

Hasta que él se puso en pie y dijo:

—No son dioses.

A una seña suya, los otros procedieron a colocar los despojos
en una hamaca de algodón azul. Luego cada cual se echó un   cada... each one
195 extremo de la hamaca al hombro.° Inmóviles ya, esperaron sus   took upon his
órdenes.   shoulder a corner
of the hammock

Los miró un instante con ternura. Sonriendo al fin, dio la señal
de partida.

—*Será libre mi pueblo. Será libre.*

200 No lo dijo. Lo pensó tan sólo. Y acercando sus labios al fotuto,
echó al silencio de la noche el ronco sonido prolongado de su
triunfo.

DESPUES DE LEER

¿Qué pasó?
Conteste las preguntas siguientes.

1. ¿Cómo había sido el mundo antes de la llegada de los españoles?

2. ¿Quiénes y cómo eran «los dioses nuevos»?

3. ¿Por qué creía el indio que el cielo sería amarillo?

4. ¿Qué aprendió el indio del «consejero blanco de nagua parda»? ¿Quién cree usted que era él?

5. ¿Qué hizo el indio después de aprender esto?

6. ¿Qué diferencias decía el indio que había entre Agüeybana el Viejo y Agüeybana el Bravo?

7. ¿Cuál era el plan de los indios? ¿Por qué?

8. ¿Por qué dice el indio al final «Será libre mi pueblo»?

¿Cuándo pasó?

Enumere las acciones en orden cronológico, como debieron haber ocurrido en la realidad.

_____ El indio hace caer al río al español y, con la ayuda de los otros dos indios, le impide salir.

_____ Los indios reciben clases de religión donde les enseñan que Jesucristo resucitó después de tres días porque era dios.

_____ El nuevo cacique no es amigo de los conquistadores y después de escuchar el plan del indio le pide una prueba.

_____ Un español quiere cruzar el río y el indio le ofrece ayuda.

_____ Después de los tres días, el español no resucita.

_____ Los conquistadores españoles llegan a la isla y los indios creen que son dioses.

_____ El indio busca la ayuda de otros dos indios y juntos van a un río donde es difícil y peligroso cruzar.

_____ Los indios regresan con la prueba que el cacique les había pedido.

_____ Uno de los indios aprende que los españoles resucitarán después del fin del mundo y concibe un plan.

_____ Los tres indios esperan por tres días al lado del español muerto.

En otras palabras

A. Definiciones.   Defina con una frase:

1. crepúsculo

2. bosque

3. sacrílego

4. naufragio

5. pesebre

6. resucitar

7. carcajada

B. ¿Recuerda el sinónimo?   Escoja el número correspondiente.

1. titubear   _____ oscuridad

2. rumor   _____ vivir

3. trozo   _____ romper

4. furia   _____ frío

5. habitar   _____ ruido

6. desgarrar   _____ rabia

7. helado   _____ vacilar

8. tinieblas   _____ pedazo

C. ¿Recuerda el antónimo?   Escoja el número correspondiente.

1. odio   _____ derrota

2. alzar   _____ oscuro

3. partida   _____ amor

4. cerca   _____ despedir

5. triunfo   _____ frío

6. sacrílego   _____ bajar

7. pálido   _____ lejos

8. saludar   _____ sagrado

9. tibio   _____ llegada

D. ¿Qué palabra falta?   Complete las oraciones con la palabra adecuada de la lista siguiente.

cacique	esclavizar	odio	saludar
despojos	estremecerse	respirar	vadear
dioses	hinchado	resucitar	vientre
en cuclillas	infierno		

Cuando un soldado español quiso _____ un río, un indio lo _____ y le ofreció ayuda. Entonces le sumergió el cuerpo en el agua hasta que el español murió. Con otros dos indios observaba sus _____, especialmente su _____ porque estaba muy _____. Los indios estaban _____ y no tenían _____ sino curiosidad. Uno de ellos _____ porque hacía un poco de frío. Los otros estaban tan concentrados que casi no _____.

Desde la llegada de los españoles, la tierra era un _____ porque _____ a los indios. Sin embargo, ellos creían que los conquistadores eran _____. Si esto era cierto, el soldado muerto debía _____. Esta era la prueba que el _____ le había pedido al indio que tuvo la idea.

Parecidas pero diferentes

Complete las oraciones siguientes con las palabras correctas entre paréntesis. Puede consultar el Apéndice A, *Parecidas pero diferentes*, en la página 180, si necesita revisar el significado de las palabras.

1. (Ante/Antes) de la llegada de los conquistadores españoles, los indios (crecían/cultivaban) muchos alimentos que los europeos no (sabían/conocían), como la yuca.

2. El (asunto/sujeto) de esta narración procede de (la historia/el cuento) de Puerto Rico.

3. Posiblemente (los hechos/las fechas/las citas) de este cuento (sucedieron/lograron/tuvieron éxito) aproximadamente entre 1510 y 1511, (la fecha/la cita/el hecho) de la rebelión de los indios contra los españoles en Puerto Rico.

4. Los misioneros españoles (trataron/trataron de/probaron) enseñar la religión católica a los indios aunque éstos no querían (volverse/hacerse) cristianos.

5. (Desde/Como/Porque) los españoles no (se parecían a/parecían/aparecían) los indios, éstos (pensaban/pensaban en) que aquéllos eran dioses y tenían (un sentimiento/una sensación) de inferioridad.

6. El cacique no dudó de la teoría de su (súbdito/sujeto), (pero/sino que) le (pidió/preguntó) una prueba para (soportarla/sostenerla/apoyarla).

7. Ellos (miraron/buscaron) un lugar (sólo/solitario/sencillo) donde (probar/tratar) la teoría.

8. (Tuvieron éxito/Lograron/Sucedieron) y no (tardaron/duraron) en encontrar a la víctima (porque/como/desde) pronto (apareció/pareció) un español (soltero/solitario/solo) que (trataba/trataba de/probaba) cruzar el río.

9. (Como/Desde/Porque) el español no (sabía/conocía) el lugar, aceptó la ayuda del indio (desconocido/extraño/ajeno) sin ninguna sospecha.

10. La espera no (tardaría/duraría) mucho: (sólo/único) tres días, lo necesario para confirmar (el dato/la fecha/el hecho) que había explicado el consejero blanco.

11. Durante (esta hora/esta época/esta vez/este tiempo) el español no se (movió/mudó) y los indios no lo (dejaron/salieron) en ningún momento.

12. (Aparecía/Parecía) que su vientre (crecía/cultivaba) constantemente y que cada (vez/tiempo) era más (largo/grande), hasta que estalló.

13. De este modo, los indios (supieron/conocieron) que los (extraños/extranjeros) no eran dioses.

14. Ellos (dejaron/dejaron de) tener miedo y (se sintieron/sintieron) (gratis/libres) para luchar contra los españoles que habían cambiado (el orden/la orden) de su mundo.

15. Los indios no se comunicaban con palabras (sino/pero) con (señales/signos/letreros).

16. (El mismo indio/El indio mismo) que planeó la acción también dio (el orden/la orden) de regresar y, sin (gastar/perder) un momento, todos (volvieron/devolvieron) a ver al cacique.

17. Ellos no (salieron/dejaron) el cuerpo del español junto al río porque ésa era la prueba que necesitaban.

Exprese su opinión

Conteste las preguntas siguientes.

1. Según el cuento, ¿por qué no se habían rebelado los indios antes contra los conquistadores? ¿Qué opina usted sobre esto?

2. ¿Son adecuadas las palabras del epígrafe del cuento? ¿Qué relación hay entre ellas y el cuento?

3. ¿Qué opina usted sobre el plan que tuvo el indio? ¿Por qué?

4. Además de España, ¿qué otros países europeos tuvieron o todavía tienen colonias en el hemisferio occidental? ¿Cuáles son los países y sus colonias? ¿Qué efectos ha tenido esta relación en ellas?

5. ¿Qué se conmemoró en 1992? Hay dos actitudes opuestas ante esa fecha. ¿Cuáles son y qué justificación tienen? ¿Qué opina usted sobre esto?

Tema para crear

Busque información sobre las civilizaciones precolombinas y escriba una composición sobre las consecuencias, positivas y negativas, del contacto entre los europeos y los nativos.

Apéndice A
Parecidas pero diferentes

I. ÍNDICE. Para encontrar el significado de la palabra en español busque bajo la palabra en inglés en la segunda parte de este apéndice.

ahorrar—véase *SAVE*
ajeno—véase *STRANGE*
alcanzar—véase *SUCCEED*
anciano—véase *OLD*
ante—véase *BEFORE*
anteojos—véase *GLASS*
antes—véase *BEFORE*
antiguo—véase *OLD*
aparecer—véase *LOOK*
aplicar—véase *APPLY*
aplicarse—véase *APPLY*
apoyar—véase *SUPPORT*
argumento—véase *ARGUMENT*
arreglar—véase *FIX*
asignatura—véase *SUBJECT*
asistir—véase *ATTEND*
asunto—véase *SUBJECT*
atender—véase *ATTEND*
avergonzado—véase *EMBARRASSED*
ayudar—véase *ATTEND*
bajo—véase *SHORT*
bloque—véase *BLOCK*
breve—véase *SHORT*
buscar—véase *LOOK*
callado—véase *QUIET*
campo—véase *COUNTRY*
carta—véase *LETTER, CARD*
cartel—véase *SIGN*
cita—véase *DATE*
colegio—véase *COLLEGE*
como—véase *SINCE*
compañero—véase *DATE*
conocer—véase *KNOW*
conservar—véase *SAVE*
convertirse—véase *BECOME*
copa—véase *CUP, GLASS*
correcto—véase *RIGHT*
corto—véase *SHORT*
crecer—véase *GROW*

criar—véase *GROW*
cristal—véase *GLASS*
cuadra—véase *BLOCK*
cuenta—véase *STORY*
cuento—véase *STORY*
cuerdo—véase *SANE*
cultivar—véase *GROW*
darse cuenta—véase *REALIZE*
dato—véase *DATE*
debido a que—véase *SINCE*
dejar—véase *LEAVE*
dejar de—véase *STOP*
derecha—véase *RIGHT*
derecho—véase *RIGHT*
desconocido—véase *STRANGE*
desde—véase *SINCE*
desperdiciar—véase *WASTE*
devolver—véase *RETURN*
discusión—véase *ARGUMENT*
doler—véase *HURT*
dormir—véase *SLEEP*
durar—véase *LAST*
echar de menos—véase *MISS*
embarazada—véase *EMBARRASSED*
época—véase *TIME*
extranjero—véase *STRANGE*
extrañar—véase *MISS*
extraño—véase *STRANGE*
faltar—véase *MISS*
fecha—véase *DATE*
fijar—véase *FIX*
fijarse—véase *FIX*
firmar—véase *SIGN*
forastero—véase *STRANGE*
funcionar—véase *WORK*
gafas—véase *GLASS*
gastar—véase *SPEND, WASTE*
gran—véase *LARGE*
grande—véase *LARGE*

gratis–véase *FREE*
grosero–véase *GROSS*
grueso–véase *GROSS*
guardar–véase *SAVE*
haber–véase *HAVE*
hacer señas–véase *SIGN*
hacer un papel–véase *PLAY*
hacer una pregunta–véase *ASK*
hacerse–véase *BECOME*
hacerse daño–véase *HURT*
hechos–véase *DATE*
herida–véase *INJURY*
herir–véase *HURT*
historia–véase *STORY*
hora–véase *TIME*
injuria–véase *INJURY*
introducir–véase *INTRODUCE*
jugar–véase *PLAY*
largo–véase *LARGE*
lentes–véase *GLASS*
letra–véase *LETTER*
letrero–véase *SIGN*
libre–véase *FREE*
lograr–véase *SUCCEED*
llegar a ser–véase *BECOME*
llevar–véase *TAKE*
mantener–véase *SAVE*
memoria–véase *MEMORY*
mirar–véase *LOOK*
mismo–véase *SAME*
mover–véase *MOVE*
mudar–véase *MOVE*
negar–véase *DENY*
negarse a–véase *DENY*
norma–véase *POLICY*
ocurrir–véase *SUCCEED*
ofender–véase *HURT*
orden–véase *ORDER*
padres–véase *PARENTS*
país–véase *COUNTRY*
parar–véase *STOP*
parecer–véase *LOOK*
parecerse–véase *LOOK*
parientes–véase *PARENTS*
pasar–véase *SPEND*
patria–véase *COUNTRY*
pedido–véase *ORDER*
pedir–véase *ASK*
pensar–véase *THINK*
perder–véase *MISS, WASTE*

pero–véase *BUT*
policía–véase *POLICY*
póliza–véase *POLICY*
ponerse–véase *BECOME*
porque–véase *SINCE*
posición–véase *POSITION*
preguntar–véase *ASK*
presentar–véase *INTRODUCE*
probar–véase *TRY*
probarse–véase *TRY*
puesto–véase *POSITION*
quedar–véase *REMAIN*
quedarse–véase *REMAIN*
quieto–véase *QUIET*
quitar–véase *TAKE*
quitarse–véase *TAKE*
rato–véase *RATE*
real–véase *REAL*
realizar–véase *REALIZE*
reanudar–véase *RESUME*
recuerdo–véase *MEMORY*
regresar–véase *RETURN*
resumir–véase *RESUME*
ritmo–véase *RATE*
saber–véase *KNOW*
salir–véase *LEAVE*
salvar–véase *SAVE*
sano–véase *SANE*
seña–véase *SIGN*
señal–véase *SIGN*
sencillo–véase *ONLY*
sensación–véase *FEELING*
sentado–véase *SITTING*
sentándose–véase *SITTING*
sentido–véase *FEELING*
sentimiento–véase *FEELING*
sentir–véase *FEEL*
sentirse–véase *FEEL*
signo–véase *SIGN*
sino–véase *BUT*
solicitar–véase *APPLY*
solitario–véase *ONLY*
solo–véase *ONLY*
sólo–véase *ONLY*
soltero–véase *ONLY*
soñar–véase *SLEEP*
soportar–véase *SUPPORT*
sostener–véase *SUPPORT*
súbdito–véase *SUBJECT*
suceder–véase *SUCCEED*

sujeto–véase SUBJECT
tardar–véase LAST
tarifa–véase RATE
tarjeta–véase CARD
tasa–véase RATE
taza–véase CUP
tener–véase HAVE
tener éxito–véase SUCCEED
tener que–véase HAVE
tener sueño–véase SLEEP
tiempo–véase TIME
tocar–véase PLAY
tomar–véase TAKE
trabajar–véase WORK

trabajo–véase POSITION
tranquilo–véase QUIET
tratar–véase TRY
tratarse–véase TRY
único–véase ONLY
universidad–véase COLLEGE
vaso–véase GLASS
verdadero–véase REAL
vez–véase TIME
vidrio–véase GLASS
viejo–véase OLD
volver–véase RETURN
volverse–véase BECOME
ya que–véase SINCE

II. SIGNIFICADOS

Apply

solicitar–to apply, to request
aplicar(se)–to apply, to put on
aplicarse (en)–to work hard, apply oneself
aplicarse (a/en + inf.)–to dedicate oneself

Voy a solicitar ese empleo y necesito una recomendación.

I am going to apply for that job and I need a recommendation.

Cuando me duelen las piernas, me aplico una crema medicinal.

When my legs hurt, I apply a medicated cream.

Si quieres sacar buenas notas, debes aplicarte en los estudios.

If you want to get good grades, you should study hard.

Desea ser concertista pero no quiere aplicarse a practicar más de una hora diaria.

He wants to be a concert performer, but he does not want to dedicate himself to practicing more than one hour daily.

Argument

discusión–argument (between people)
argumento–plot (in a story/movie); reasoning

Pedro y Jaime no se hablan desde la discusión que tuvieron.

Pedro and Jaime do not talk to each other since the argument they had.

El argumento de esa novela es muy complicado.

The plot of that novel is very complicated.

Ask

pedir–to ask for something, request, order (as in a restaurant)
preguntar–to ask (a question)
hacer una pregunta–to ask a question

Pedimos vino blanco porque vamos a comer pescado.	*We asked for white wine because we are going to eat fish.*
Pregúntale cuánto cuesta ese cuadro.	*Ask him how much that picture is.*
A esa edad los niños hacen preguntas constantemente.	*At that age children ask questions constantly.*

Attend

asistir (a)–to attend, to go to
atender–to wait on; to pay attention to
ayudar–to assist, to help

Es obligatorio asistir a clases y atender a la maestra.	*It is mandatory to attend classes and pay attention to the teacher.*
La camarera nos atendió con rapidez.	*The waitress waited on us quickly.*
Mi hermana me ayudó con los ejercicios más difíciles.	*My sister helped me with the harder exercises.*

Become

convertirse (en + n.)–to turn into, to be (physically) transformed into
volverse (+ adj.)–to turn, become by chance
ponerse (+ adj.)–to become, to take on a certain state, emotion or condition
hacerse (+ adj./n.)–to become (by one's own effort)
llegar a ser (+ adj./n.)–to become (after a long process)

Cuando la princesa la besó, la rana se convirtió en príncipe.	*When the princess kissed it, the frog turned into a prince.*
El hombre no pudo soportar la mala noticia y se volvió loco.	*The man could not tolerate the bad news and went crazy.*
Mi padre se puso furioso cuando recibió la cuenta del teléfono.	*My father became angry when he received the phone bill.*
Su mayor ambición es hacerse médico.	*His greatest ambition is to become a doctor.*
Pese a sus fracasos iniciales, llegó a ser una escritora famosa.	*Despite her initial failures, she became a famous writer.*

Before

ante—before, in the presence of
antes (adv.)—before (in time)
antes de—before (sequence)

Cuando las personas están ante el rey o la reina, hacen una reverencia.	*When people are before the king or the queen, they bow.*
Llegaré antes que tú porque vivo más cerca.	*I will arrive before you do because I live closer.*
Nunca había leído tantos cuentos antes de esta clase.	*I had never read so many stories before this class.*

Block

cuadra—block (of houses), city block (Latin America)
bloque—block (for building)

Vivimos a dos cuadras del hotel.	*We live two blocks from the hotel.*
Usamos bloques de cemento para construir esas casas.	*We use cement blocks to build those houses.*

But

pero—but (adds information)
sino (que)—but rather, but instead

Quiero ir al cine pero no tengo suficiente dinero.	*I want to go to the movies but I do not have enough money.*
No necesito dinero, sino tiempo.	*I do not need money, but time.*

Card

tarjeta—card
carta—letter
carta/naipe/baraja—card (in a game)

Siempre me envían tarjetas de todas las ciudades que visitan.	*They always send me cards from all the cities they visit.*
Acabo de recibir una carta de mis padres.	*I have just received a letter from my parents.*
Si tienes tiempo, podemos jugar a las cartas.	*If you have time, we can play cards.*

College

colegio–school (usually private)
universidad–college, university

Me gustaba ese colegio porque no tenía mucha tarea.	*I liked that school because I did not have much homework.*
Solicité a cuatro universidades pero sólo una me aceptó.	*I applied to four colleges, but only one accepted me.*

Country

campo–country, rural or agricultural area
país–country, nation
patria–homeland

Los fines de semana vamos al campo para relajarnos.	*On weekends we go to the country to relax.*
¿Cuántos millones de personas viven en este país?	*How many million people live in this country?*
Los inmigrantes siempre recuerdan su patria con cariño.	*Immigrants always remember their homeland fondly.*

Cup

copa–wine glass, goblet
taza–cup

La copa alta es para el champán.	*The tall goblet is for champagne.*
Se me rompió la taza cuando la estaba lavando.	*I broke the cup when I was washing it.*

Date

fecha–date (calendar)
cita–date, appointment, arranged meeting
compañero/a–date (when referring to a person)
dato–piece of data, information
hechos–facts

¿Cuál es la fecha de hoy?	*What is today's date?*
¡No llegues tarde a la cita!	*Don't be late to your date!*

¿Quién es tu compañero para el baile de mañana?	Who is your date for tomorrow's dance?
El detective necesita más datos para resolver el crimen.	The detective needs more data to solve the crime.
Los científicos sólo confían en hechos comprobables.	Scientists only trust verifiable facts.

Deny

negar–deny
negarse (a + inf.)–to refuse

El acusado niega que haya cometido el crimen.	The defendant denies having committed the crime.
Miguelito se niega a comer espinaca.	Miguelito refuses to eat spinach.

Embarrassed

avergonzado/a–embarrassed, ashamed
embarazada–pregnant

Él está avergonzado porque no recordaba el nombre de ella.	He was embarrassed because he did not remember her name.
Rosa está muy emocionada porque está embarazada por primera vez.	Rosa is very excited because she is pregnant for the first time.

Feel

sentir–to feel (+ n); to hear, to perceive; to regret
sentirse–to feel (+adj.) a certain way

Voy a ponerme el abrigo porque siento frío.	I am going to put on my coat because I feel cold.
Estábamos durmiendo cuando sentimos el ruido.	We were sleeping when we heard the noise.
Siento que ustedes no puedan venir a la fiesta.	I regret that you cannot come to the party.
Los padres se sienten orgullosos de sus hijos.	Parents feel proud of their children.

Feeling

sentido–sense; meaning
sentimiento–feeling (emotional)
sensación–feeling (physical)

Esta oración no tiene sentido.	*That sentence makes no sense.*
El odio es un sentimiento dañino.	*Hatred is a harmful feeling.*
Voy a ir al médico porque tengo una sensación extraña en el brazo.	*I am going to the doctor because I have a strange feeling in my arm.*

Fix

arreglar–to fix, to repair
fijar–to fix, to set; to establish; to affix
fijarse (en)–to notice

Creo que no me arreglaron bien el reloj porque no funciona.	*I don't think they fixed my watch well because it does not work.*
Si la tienda fija los precios, no podemos regatear.	*If the store sets the prices, we cannot haggle.*
¿Te fijaste en la mujer que llevaba aquel sombrero tan extraño?	*Did you notice that woman who was wearing such a strange hat?*

Free

libre–free, unoccupied; at liberty
gratis–free (of charge)

El tren estaba repleto y no había ni un asiento libre.	*The train was full and there was not a single unoccupied seat.*
Leí que el acusado estaba libre porque el abogado demostró que era inocente.	*I read that the defendant was free because the lawyer showed that he was innocent.*
Puedes llevarte todos los que quieras; son gratis.	*You can take all you want; they are free.*

Glass

anteojos, espejuelos, gafas, lentes–eyeglasses
copa–wine glass, goblet (with stem)
vaso–drinking glass
cristal, vidrio–glass (material)

No veo nada sin los lentes.	*I don't see anything without my glasses.*
Las copas van a la izquierda de los vasos.	*Goblets go to the left of the glasses.*
La lámpara se cayó y hay pedazos de vidrio en el suelo.	*The lamp fell and there are pieces of glass on the floor.*

Gross

grueso/a–fat
grosero/a–gross, rude

Pedro come mucho pero no está grueso.	*Pedro eats a lot but he is not fat.*
No me cae bien Julio porque siempre hace comentarios groseros.	*I don't like Julio because he always makes rude comments.*

Grow

crecer–to grow, to increase in size
cultivar–to grow, to cultivate plants, vegetables, etc.
criar–to raise children, animals

Daniel ha crecido tanto que está más alto que su padre.	*Daniel has grown so much that he is taller than his father.*
Viven en una finca enorme y pueden cultivar vegetales y criar caballos.	*They live on a huge farm and they can grow vegetables and raise horses.*

Have

haber–auxiliary verb used with past participles
tener–to have
tener que + inf.–to have to do something

Ya he terminado todos los ejercicios y ahora puedo jugar.	*I have finished all of the exercises and now I can play.*
Tengo que estudiar mucho para el examen que tengo mañana.	*I have to study a lot for the exam I have tomorrow.*

Hurt

doler–to hurt (cause pain)
herir–to wound
hacerse daño–to get hurt
ofender–to hurt someone's feelings

¿Dónde le duele?—le preguntó el médico.

Fue un milagro que la explosión no hiriera a nadie.

Estaba jugando al fútbol y se hizo daño en la espalda.

Sus palabras me ofendieron.

"Where does it hurt?" the doctor asked.

It was a miracle that the explosion did not hurt anybody.

He was playing football and he hurt his back.

His words hurt me.

Injury

herida–injury, wound
injuria–insult, slander

El soldado recibió heridas graves en la batalla.

¿No vas a defenderte de esas injurias?

The soldier received serious injuries in battle.

Aren't you going to defend yourself against those insults?

Introduce

introducir–to introduce, to put inside
presentar–to introduce, present (a person to another)

Ten cuidado de no introducir el dedo en el agujero.

Déjame presentarte a mi compañera de cuatro.

Be careful not to put your finger in the hole.

Let me introduce you to my roommate.

Know

saber–to know (information)
saber + inf.–to know how to do something
conocer–to know, be acquainted with (people/places); to be familiar with (information)

¿Sabías que Margarita ha estado enferma?

Hoy día pocas chicas saben coser.

De todas las ciudades españolas que conozco, mi favorita es Madrid.

Did you know that Margarita has been ill?

Nowadays few young women know how to sew.

Of all the Spanish cities that I know, my favorite is Madrid.

Large

largo/a—long
grande—large, big
gran—great (placed before a singular noun)

Este capítulo es largo y aburrido.	*This chapter is long and boring.*
Compraron un apartamento grande en la playa.	*They bought a large apartment at the beach.*
Fue una gran fiesta y nos divertimos mucho.	*It was a great party and we had a lot of fun.*

Last

tardar (+ time + en + inf.)—to take (+ time to do something)
durar—to take, to last

Si vamos en tren tardaremos cinco horas en llegar porque es más lento.	*If we go by train it will take us five hours to arrive because it is slower.*
Espero que estos zapatos me duren más que los anteriores.	*I hope these shoes last longer than the previous ones.*

Leave

salir (de)—to leave (a place)
dejar—to leave (something behind); to allow

Salí de la oficina con tanta prisa que dejé el libro sobre el escritorio.	*I left the office in such a hurry that I left the book on the desk.*
Sus padres no lo dejan jugar antes de terminar la tarea.	*His parents do not allow him to play before finishing his homework.*

Letter

letra—letter (from the alphabet); handwriting; words to a song
carta—letter

Creo que necesito lentes porque no puedo leer las letras pequeñas.	*I think I need glasses because I cannot read the small letters.*
Si escribieras más despacio, sería más fácil entender tu letra.	*If you wrote more slowly, it would be easier to understand your handwriting.*
Todas las semanas recibo una carta de mis padres.	*Every week I receive a letter from my parents.*

Look

mirar—to look at
buscar—to look for
aparecer—to appear, to show up
parecer—to look, to seem to be, to appear
parecer(le)—to seem, to appear, to have an opinion
parecerse (a)—to look like, to resemble

Me encanta mirar fotografías viejas de mi familia.	*I love to look at old family pictures.*
Los García están buscando un apartamento más grande.	*The Garcías are looking for a larger apartment.*
Gonzalo apareció cuando menos lo esperábamos.	*Gonzalo appeared when we least expected it.*
Rosaura parece mucho más joven que su marido.	*Rosaura looks a lot younger than her husband.*
Me parece que estás equivocado.	*It seems to me that you are wrong.*
Leonardo se parece mucho a su abuelo.	*Leonardo looks a lot like his grandfather.*

Memory

memoria—memory
recuerdo—remembrance, souvenir

Para el examen tengo que aprender el poema de memoria.	*For the exam I have to learn the poem from memory.*
Tengo buenos recuerdos de mi infancia.	*I have good memories from my childhood.*

Miss

perder—to miss (bus, TV program, etc.); to lose; to waste (time)
faltar (a)—to be missing, not to go
extrañar/**echar de menos**—to miss, to feel nostalgic for

Llegué tarde al aeropuerto y perdí el avión.	*I arrived late at the airport and I missed the plane.*
¡Apaga el televisor y no pierdas más tiempo!	*Turn off the TV and don't waste any more time!*

Esteban faltó a clase hoy porque está enfermo.	*Esteban missed class today because he is ill.*
Los estudiantes echan de menos la comida casera.	*Students miss home cooking.*

Move

mover(se)—to move (oneself); to be in motion
mudar(se)—to move (from one house to another)

¡No se mueva y levante las manos!	*Don't move, and put your hands up!*
Mariana compró una casa y se mudó el pasado fin de semana.	*Mariana bought a house and she moved this past weekend.*

Old

antiguo/a—old, of long standing, ancient; former (placed before a noun)
viejo/a—old
anciano/a—old (applied to people); elderly

Machu Picchu era la antigua capital de los incas.	*Machu Picchu was the former capital of the Incas.*
En el museo vimos unos muebles muy antiguos.	*In the museum we saw very old furniture.*
Nadie quiere comprar un coche tan viejo.	*Nobody wants to buy such an old car.*
En ciertos autobuses hay asientos reservados para los ancianos.	*In certain buses there are some seats reserved for the elderly.*

Only

sólo/solamente—only
único/a—only one; unique
solo/a—alone
solitario/a—lonely, preferring solitude, loner
soltero/a—single, unmarried
sencillo/a—single, not double; simple

Paula ya sabía leer cuando sólo tenía tres años.	*Paula already knew how to read when she was only three years old.*
Esta es una oportunidad única para conocer esa región.	*This is a unique chance to get to know that region.*

Susana vive sola desde que murió su esposo.	*Susana lives alone since her husband died.*
Vive felizmente en las montañas porque es solitario.	*He lives happily in the mountains because he is a loner.*
Raúl es soltero y no tiene novia.	*Raúl is single and does not have a girlfriend.*
Pedí una habitación sencilla pero me dieron una doble por el mismo precio.	*I asked for a single room, but they gave me a double for the same price.*
¿Por qué no puedes explicármelo si es tan sencillo?	*How come you cannot explain it to me if it is so simple?*

Order

el orden–order (alphabetical, chronological); orderliness
la orden–order, command; religious group
el pedido–order (in a restaurant, from a catalog, etc.)

Me gusta el orden tanto como la limpieza.	*I like orderliness as much as cleanliness.*
Los soldados obedecieron la orden del general inmediatamente.	*The soldiers obeyed the general's order at once.*
Si haces el pedido temprano, te lo enviarán todo en seguida.	*If you place the order early, they will send you everything right away.*

Parents

parientes–relatives
padres–parents

Mis parientes favoritos son mi tía Aurora y mi tío Felipe.	*My favorite relatives are my aunt Aurora and my uncle Felipe.*
Cuando mi hermano y yo éramos pequeños, mis padres siempre nos llevaban al cine los fines de semana.	*When my brother and I were younger, my parents would always take us to the movies on weekends.*

Play

hacer un papel–to play a part or role
jugar (a)–to play (a game)
tocar–to play (an instrument); to touch

Rebeca hace el papel de la costurera en la obra.	*Rebeca plays the role of the seamstress in the play.*
¿Quieres jugar al tenis esta tarde?	*Would you like to play tennis this afternoon?*
Me gustaría aprender a tocar la flauta.	*I would like to learn to play the flute.*

Policy

(el/la) policía–police officer (man/woman); police force (f.)
norma/política/principio–policy
póliza–insurance policy

La policía siempre está dispuesta a ayudar a los ciudadanos.	*Police are always willing to help the citizens.*
La política de nuestra tienda es que el cliente siempre tiene la razón.	*Our store's policy is that the customer is always right.*
Fernando es muy precavido y compró una póliza de vida para él y para su esposa.	*Fernando is very cautious and bought a life insurance policy for himself and his wife.*

Position

posición–physical position; posture; status
trabajo–position, job, work
puesto–post, job; stand

Si continúas en esa posición, te dolerá la espalda después.	*If you stay in that position, your back will hurt later.*
Para algunas personas la posición social es muy importante.	*To some people social status is very important.*
No aceptó el trabajo porque el sueldo era más bajo de lo que esperaba.	*He did not accept the job because the salary was lower than he expected.*
Compramos unos melocotones deliciosos en aquel puesto de frutas.	*We bought some delicious peaches at that fruit stand.*

Quiet

quieto–still, motionless
tranquilo/a–peaceful
callado/a–quiet, silent

Si no te quedas quieto, no podré amarrarte los zapatos.	*If you don't stand still, I will not be able to fasten your shoes.*

Vivimos en un barrio muy tranquilo.

¿Por qué estás tan callado? ¿Estás enfermo?

We live in a very quiet neighborhood.

Why are you so quiet? Are you ill?

Rate

rato–a while
ritmo–rate, rhythm
tasa–rate, scale (of exchange, etc.)
tarifa–rate, fare

Estuvimos hablando un rato pero después nos pusimos a estudiar.

Aunque es un negocio reciente, su ritmo de crecimiento es muy rápido.

La tasa de cambio de dólares a pesetas no nos beneficia.

Tienen una tarifa especial para los ancianos.

We were talking for a while, but we started to study later.

Although it is a new business, its growth rate is very fast.

The exchange rate from dollars to pesetas does not benefit us.

They have a special fare for the elderly.

Real

real–royal; real, not imaginary
verdadero/a–real, true

La familia real de Inglaterra pasa las vacaciones en Escocia.

Le película está basada en hechos reales.

Conoces a los verdaderos amigos cuando estás en apuros.

England's royal family spends their holidays in Scotland.

The movie is based on real facts.

You get to know your true friends when you are in trouble.

Realize

darse cuenta de–to realize, to become aware
realizar–to realize, to fulfill

¡La conversación estaba tan interesante que no me di cuenta de que era tan tarde!

Ojalá que puedas realizar todos tus proyectos.

The conversation was so interesting that I did not realize that it was so late!

I hope you can realize all of your projects.

Remain

quedar–to remain, to be left; to be located
quedarse–to stay

¿Qué queda por hacer? | *What is left to be done?*
El hotel queda muy cerca de la estación de trenes. | *The hotel is located very close to the railroad station.*
Decidimos quedarnos una semana más en Paris. | *We decided to stay one more week in Paris.*

Resume

reanudar–to resume
resumir–to sum up; to abridge

Después de la tormenta los campesinos pudieron reanudar el trabajo. | *After the storm the peasants were able to resume their work.*
¿Puedes resumir el cuento en tus propias palabras? | *Can you sum up the story in your own words?*

Return

volver/regresar–to return, to go back
devolver–to return, to give back something

Me gustaría regresar a Puebla algún día. | *I would like to return to Puebla some day.*

Voy a devolver estos libros a la biblioteca. | *I am going to return these books to the library.*

Right

derecho (n.)–right (to do something), law
derecho (adj.)–straight
derecho/a–right
(la) derecha–right-hand side
correcto/a–right, not wrong

¿Crees que tengamos derecho de protestar? | *Do you think that we have the right to protest?*
Mi primo está estudiando derecho internacional. | *My cousin is studying international law.*

Ponte derecho y no te muevas.	*Stand straight and don't move.*
Los españoles llevan el aro de matrimonio en la mano derecha.	*Spaniards wear their wedding band on their right hand.*
A la derecha pueden ver el Teatro Nacional.	*To your right you can see the National Theater.*
Cada respuesta correcta tiene un valor de dos puntos.	*Each right answer is worth two points.*

Same

igual–same, equal (two or more things)
mismo/a–same (before a noun) (one thing); –self (after a noun/pronoun)

Mi vestido es igual que el tuyo.	*My dress is the same as yours.*
Tenemos el mismo profesor que tuvimos el año pasado.	*We have the same teacher that we had last year.*
Raquel misma me contó lo que le había sucedido.	*Raquel herself told me what had happened to her.*

Sane

sano/a–healthy (physically)
cuerdo/a–sane (mentally)

Iremos a las montañas para disfrutar del clima sano.	*We will go to the mountains to enjoy the healthful climate.*
El abogado quiere probar que no estaba cuerdo cuando cometió el crimen.	*The lawyer wants to prove that he was not sane when he committed the crime.*

Save

salvar–to save, to rescue
ahorrar–to save (time/money)
conservar–to save (resources)
guardar–to keep

Llegaron a tiempo para salvar a los sobrevivientes.	*They arrived in time to rescue the survivors.*
Si consigo ahorrar lo suficiente, podré ir a Europa en el verano.	*If I manage to save enough, I will be able to go to Europe in the summer.*
Necesitamos conservar nuestros recursos naturales.	*We need to save our natural resources.*
Guardo los documentos importantes en el banco.	*I keep the important documents in the bank.*

Short

breve/**corto**/**a**–short, not long (in length)
bajo/**a**–short, not tall (in height)

Afortunadamente su discurso fue breve.

Fortunately his speech was short.

¡Qué pareja más extraña! Ella es alta y él es bajo.

What an odd couple! She is tall and he is short.

Sign

letrero/**cartel**–sign, billboard
seña/**señal**–sign, signal
signo–sign, symbol
firmar–to sign
hacer señas–to signal

Según ese letrero, sólo nos faltan dos kilómetros para llegar.

According to that sign, we only have two kilometers to go.

Las personas sordas se comunican por medio de señas.

Deaf people communicate by means of signs.

Es necesario obedecer las señales de tránsito para evitar accidentes.

It is necessary to obey traffic signs in order to avoid accidents.

No estudio ingeniería, así que no entiendo esos signos.

I do not study Engineering so I do not understand those signs.

Por favor, firme usted aquí.

Please sign here.

Me hizo señas para que mirara.

He signalled to me to look at him.

Since

desde–from, since (+time); from (+place)
ya que/**debido a que**–since, because (used at the beginning of a clause to indicate reason or motive)
como–since, because (used at the beginning of a sentence)
porque–because (never used at the beginning of a sentence)

No veo a Julián desde que nos graduamos.

I have not seen Julián since we graduated.

Desde la montaña la vista es maravillosa.

From the mountain the view is wonderful.

Llegamos tarde debido a que había mucho tránsito.

We arrived late since there was a lot of traffic.

Como no llevábamos paraguas, nos mojamos.

Since we were not carrying an umbrella, we got wet.

Nos mojamos porque no llevábamos paraguas.

We got wet because we were not carrying an umbrella.

Sitting

(estaba) sentado/a—was seated (position)
(estaba) sentándose—was sitting down (action of sitting)

A la señora que está sentada en el banco le gusta tejer.	*The lady who is seated on the bench likes to knit.*
El hombre que está sentándose ahora es el padre de Isabel.	*The man who is sitting down now is Isabel's father.*

Sleep

dormir—to sleep
dormirse—to fall asleep
tener sueño—to be sleepy
soñar (con)—to dream (about/of)

Anoche no pude dormir bien porque estaba preocupada.	*I could not sleep well last night because I was worried.*
El niño se durmió mientras la madre le cantaba.	*The child fell asleep while his mother was singing to him.*
Tengo muchísimo sueño pero no puedo acostarme porque tengo que estudiar.	*I am very sleepy but I cannot go to bed because I have to study.*
Anoche soñé con Tomás. ¡Qué pesadilla!	*Last night I dreamed of Tomás. What a nightmare!*

Spend

pasar—to spend (time)
gastar—to spend (money)

Salimos mañana y pasaremos dos semanas en Buenos Aires.	*We are leaving tomorrow and will spend two weeks in Buenos Aires.*
Si gastas todo el dinero, no voy a prestarte más.	*If you spend all your money, I am not going to lend you any more.*

Stop

dejar (de + inf.)—to stop (doing something)
parar—to stop

El médico me dijo que debía dejar de fumar inmediatamente.	*The doctor told me that I should stop smoking right away.*
El autobús para en aquella esquina.	*The bus stops at that corner.*

Story

cuento–story
historia–history; tale
cuenta–check, bill, account (financial)

Algunos de estos cuentos son muy interesantes.

Some of these stories are very interesting.

A algunos ancianos les gusta contar la historia de su vida.

Some old people like to tell the story of their lives.

Cuando Marta y Jaime comen en un restaurante, ella siempre paga la cuenta.

When Marta and Jaime have dinner at a restaurant, she always pays the bill.

Strange

ajeno/a–strange, alien, belonging to another person
extraño/a–strange, odd
desconocido/a–stranger, unknown (person)
forastero/a–stranger, outsider
extranjero/a–foreigner
el extranjero–abroad

No es correcto alegrarse de las desgracias ajenas.

It is not right to be happy about other people's misfortunes.

Es extraño que los Rivera no hayan llegado todavía.

It is strange that the Riveras have not arrived yet.

Un desconocido me ayudó a cambiar la llanta desinflada.

A stranger helped me to change the flat tire.

El forastero no sabía que ese hotel era muy malo.

The stranger did not know that that hotel was very bad.

Los extranjeros necesitan presentar una visa especial.

Foreigners need to show a special visa.

Mientras viajaba por el extranjero conocí a muchas personas interesantes.

While I was travelling abroad I met many interesting people.

Subject

asunto/materia–subject, issue, matter
sujeto–subject (in grammar)
súbdito–subject (of a monarch)
asignatura–subject (in a curriculum)

Cuando tengas tiempo, discutiremos ese asunto.

When you have time, we will discuss that matter.

Un verbo impersonal no tiene sujeto.	*An impersonal verb has no subject.*
El rey de España se ha ganado el afecto de sus súbditos.	*The king of Spain has earned the affection of his subjects.*
Este semestre tengo cuatro asignaturas diferentes.	*This semester I have four different subjects.*

Succeed

suceder—to follow, succeed (to the throne, etc.)
suceder/pasar/ocurrir—to happen/occur
tener éxito—to succeed, to be successful
lograr/alcanzar—to succeed, to achieve something

El príncipe Felipe sucederá al rey Juan Carlos en el trono español.	*Prince Felipe will succeed king Juan Carlos to the Spanish throne.*
Estaba tan nerviosa que no pudo contarme lo que le había sucedido.	*She was so nervous that she could not tell me what had happened to her.*
Le costó mucho trabajo pero tuvo éxito.	*It took him a lot of work but he succeeded.*
Por fin logré hablar con él por teléfono.	*Finally I succeeded in getting him on the phone.*

Support

apoyar—to support, to back up; to lean
soportar—to put up with, to endure, to tolerate
sostener—to support, to hold up
mantener—to keep; to sustain (maintain with money, food, etc.)

Las últimas encuestas apoyan a este candidato.	*The last polls support that candidate.*
No te apoyes en esa pared porque está recién pintada.	*Don't lean against that wall because it has just been painted.*
Voy a ir al médico porque no puedo soportar el dolor.	*I am going to see the doctor because I cannot put up with the pain.*
Es necesario reforzar las columnas que sostienen el techo.	*It is necessary to reinforce the columns that support the roof.*
Necesita trabajar mucho para mantener a su familia.	*She needs to work a lot to sustain her family.*
Me gusta mantener mi escritorio ordenado.	*I like to keep my desk tidy.*

Take

tomar—to take (medicine, conveyances); to drink
llevar—to take (along), to carry
quitar—to take away, to take from, to remove
quitarse—to take off (clothing)

Creo que es mejor tomar un taxi.	*I think it is better to take a taxi.*
No me gusta tomar cerveza si no está muy fría.	*I do not like to drink beer if it is not very cold.*
Siempre llevamos a nuestros huéspedes al museo.	*We always take our guests to the museum.*
Este detergente quita las manchas rápidamente.	*This detergent removes stains quickly.*
No te quites el abrigo todavía.	*Don't take off your coat yet.*

Think

pensar—to think
pensar + inf.—to plan, intend (to do something)
pensar (en + noun)—to think (about, of), have one's thoughts on
pensar (en + inf.)—to think about, have in mind
pensar (de)—to have an opinion (of)

Perdónalo porque lo hizo sin pensar.	*Forgive him because he did it without thinking.*
Si todo sale bien, pienso graduarme el año que viene.	*If all goes well, I intend to graduate next year.*
Pienso en mi novia todo el tiempo.	*I think about my girlfriend all the time.*
Por ahora no pienso en casarme.	*At this point I am not thinking about getting married.*
¿Qué piensas de mi proyecto?	*What do you think about my project?*

Time

tiempo—time (in a general sense); weather
época—time period (historical)
vez—time (repeatable instance)
hora—clock time, hour

Cuando tengas tiempo, llámame y saldremos a almorzar.	*When you have time, call me and we will go out to lunch.*

En febrero el tiempo es muy impredecible aquí.	*In February the weather is very unpredictable here.*
En esa época las mujeres no llevaban pantalones.	*At that time women did not wear pants.*
Le he explicado el problema varias veces pero no lo entiende todavía.	*I have explained the problem to him several times, but he still does not understand it.*
A esa hora tengo clase de inglés.	*At that time I have an English class.*

Try

tratar (de + inf.)–to try (to do something)
tratar de–to deal with
tratarse de–to be a matter or question of
probar–to try out; to prove; to taste
probarse–to try on

Traté de empujar la cómoda pero no pude.	*I tried to push the dresser but I couldn't.*
Esta novela trata de la vida en España después de la guerra.	*That novel deals with life in Spain after the war.*
Me explicó que sólo se trataba de una investigación rutinaria.	*He explained to me that it was just a matter of a routine investigation.*
El abogado logró probar que el acusado era inocente.	*The lawyer managed to prove that the defendant was innocent.*
Nunca he probado la comida india.	*I have never tried Indian food.*
Nunca compro ropa sin probármela primero.	*I never buy clothes without trying them on first.*

Waste

gastar/desperdiciar–to waste money, resources (energy, water, etc.)
perder–to waste time

Cuando hay sequía el gobierno prohíbe gastar agua lavando el carro.	*When there is a drought the government prohibits the wasting of water in washing cars.*
Perdí el tiempo porque no pude convencerlo.	*I wasted my time because I could not convince him.*

Work

funcionar—to work, function, run (when the subject is a thing)
trabajar—to work (when the subject is a person or animal performing labor)

Necesito otro reloj porque éste ya no funciona.	*I need another watch because this one does not work any more.*
Alfredo es demasiado joven para trabajar tanto.	*Alfredo is too young to work that much.*

Apéndice B

Palabras indígenas de «Tres hombres junto al río»

achiote   small tree with large pink flowers
that produce a heart-shaped pod with
small orange-red seeds from which a dye
is obtained

areyto   traditional Indian song, accompanied
by a ritual dance

cacique   Indian chief

casabe   bread made out of grated yucca, in
the shape of a cake, cooked or baked

cemí   idol made out of stone, clay, wood,
cotton or gold, representing the good
spirit or the protecting god

cohoba   powders used as narcotic

coquí   small frog whose name reproduces its
acute and loud sound

dujo   three-legged seat made out of stone or
wood, used by Indians for resting in a
squatting position

fotuto   a kind of horn made from a conch

guamá   evergreen tree with flowers covered
with an edible, soft and downy pulp

guasábara   skirmish or battle

guayacán   chestnut-brown bark tree

higuaca   parrot

higüero   tree with large and hard fruit

jagua   tree with sour-tasting fruit

majagua   flowering textile tree of different
varieties

naboria   domestic Indian servant

nagua   short cotton skirt

tabonuco   tall tree with smooth and whitish
bark that produces an aromatic resin
used for lighting

yuca   edible root from which the flour to
prepare **casabe** is made

yucayeke   Indian town

Vocabulario

This vocabulary includes contextual meanings of most of the words and idiomatic expressions used in *Sorpresas* with the following exceptions:

    proper and geographical names

    days of the week and months of the year

    numbers

    identical cognates *(invasión)*

    articles

    personal pronouns

    possessive and demonstrative adjectives and pronouns

    adverbs in *-mente* when the corresponding adjective is listed

    past participles when the corresponding infinitive is listed, unless it is irregular or its meaning differs somewhat from the meaning listed for the infinitive *(agitado* = hectic vs. *agitar* = to stir up)

    most common prepositions (*a, con, de,* etc.)

Please note:

1. Spanish alphabetization is followed, i.e., *ch* comes after *c, ll* after *l,* and *ñ* after *n.*
2. The gender of nouns is not indicated for masculine nouns ending in *-o* or for feminine nouns ending in *-a.*
3. Nouns only appear in the singular form, unless the plural form is the one commonly used *(pantalones).*
4. Adjectives and past participles only appear in the masculine form.
5. In the case of diminutives, augmentatives and shortened words, the original word has been given in parentheses:

   bizcochito (bizcocho)

   manchón (mancha)

   alante (adelante)
6. For verbs, the following information has been given:

   a. irregular first person singular form:

       agradecer (agradezco)

   b. stem changes:

       acordarse (ue)

       adquirir (ie)

       ascender (ie)

       corregir (i)

   c. indication of the root verb that determines conjugation:

       atraer (like *traer*)
7. Prepositional usage is given after verbs.

8. The following abbreviations have been used:

adj.	adjective	*inf.*	infinitive
adv.	adverb	*m.*	masculine
Arg.	Argentina	*Méx.*	Mexico
coll.	colloquial	*n.*	noun
Chi.	Chile	*p.*	plural
Ec.	Ecuador	*s.*	singular
f.	feminine	*Sp.*	Spain

Whenever there was any doubt that an average intermediate student would understand a particular word, it was included.

abajo   down; downstairs
abalanzarse   to rush
abandonar   to abandon
abanicar   to fan
abierto   open
abismo   abyss
abogado   lawyer
abrazar   to hug
abrigo   coat
abrir   to open
absorber   to absorb
absorto   absorbed
absurdo   absurd
aburrimiento   boredom
acá   here
acabar   to end, finish
  acabar bien   to have a happy ending
  acabar de   to have just
  acabarse   to run out of something
acallar   to quiet
acariciar   to caress
acaso   perhaps
acecho: en acecho   on watch
acentuar   to emphasize
aceptar   to accept
acera   sidewalk
acercar   to bring near
  acercarse (a)   to approach
acero   steel
acojinado   with cushions
acomodadita (acomodada)   well arranged
acomodado   well-to-do
acomodarse   to get comfortable
acompañante *(f./m.)*   companion
acompañar   to accompany
acordarse (de) (ue)   to remember

acorde *(m.)*   chord
acostado   lying down; in bed
acostar (ue)   to put to bed
acostarse   to go to bed
acostumbrarse   to get used
acto   act
actriz   actress
actualidad: en la actualidad   currently
actuar   to act
acudir   to come
acuerdo: estar de acuerdo con   to agree
acumular   to accumulate, to store up
acuoso   watery
achicarse   to get smaller
adelantarse   to go ahead
adelante   ahead, forward
  de ahí en adelante   from there (then) on
además   besides
adentro   inside
adiós *(m.)*   goodbye
admirablemente   admirably
admiración *(f.)*   admiration
adónde   where
adorar   to adore
adquirir (ie)   to acquire, get
adulón   fawning
advertir (ie)   to notice; to warn
afán *(m.)*   effort, toil
afear   to reproach
afecto   affection, love
afeitar   to shave
aferrarse   to cling
afilado: dedos afilados   slender fingers
aflojar(se)   to loosen
afortunadamente   fortunately
afuera   outside

afueras outskirts
agacharse to bend
agazaparse to crouch
agente *(f./m.)* agent
ágil agile
agitación *(f.)* bustle
agitado hectic, upset
agitanado gypsylike
agitar to shake; to stir up
aglomeración *(f.)* mass, crowd
aglomerarse to crowd around
agónico moribund, dying
agradable pleasant
agradar to please
agradecer (agradezco) to thank, be grateful
agraz: en agraz prematurely
agresivo aggressive
agridulce bittersweet
agrietado cracked
agua *(f.* but **el agua)** water
  hacerse agua to be ruined
aguacero (rain)shower, downpour
aguantar to withstand, tolerate; to hold back
aguardar to await
aguja needle
ahí there
  de ahí en adelante from there (then) on
ahogar to drown
ahora now
ahorrar to save (money)
ahorros savings
ahuecado hollowed
ahuecar to hollow
ahuyentar to scare away
aire *(m.)* air
  airecito (aire) air
airoso graceful
aislado isolated
ajeno alien, foreign
ajustar to adjust
ala *(f.* but **el ala)** wing
alante (adelante) *(coll.)* in front of
alarido yell
alarmarse to get alarmed
alba *(f.* but **el alba)** daybreak
alcalde mayor
alcance *(m.)* reach
  al alcance within reach
alcancía money box
alcanzar to reach; to pass; to manage

aldea village
alegrarse to be happy
alegre happy
alegría happiness
alejarse to go away
alerta alert
aleta fin
alfombra carpet
algo something, somewhat
algodón *(m.)* cotton
  algodón de dulce cotton candy
alguien somebody
algún some
aliento breath
alisarse to smooth
aliviar to relieve, comfort
alivio relief
alma *(f.* but **el alma)** soul
  alma en pena poor soul
almanaque *(m.)* calendar
almidonado starched
almorzar (ue) to have lunch
almuerzo lunch
alondra lark
alongarse to elongate
alrededor around
altanero proud
alternar to alternate
altivo arrogant
alto: high
  lo alto top
altura height
  a la altura de on the same latitude, level as
alucinación *(f.)* hallucination
alumno pupil
alzar to lift up
allá there
  más allá beyond, further on
allí there
amar to love
amargado embittered
amargura bitterness
amarillo yellow
  amarillento yellowish
ambición *(f.)* ambition
ambiente *(m.)* atmosphere
ambos both
amedrentado scared
amenazador threatening
amigo friend

amistad *(f.)* friendship
amor *(m.)* love
amparo protection; shelter
amplitud *(f.)* spaciousness
anaranjado orange (color)
anclar to anchor
andar to walk
anestesia anesthesia
angosto narrow
ángulo angle
angustia anguish
animar to encourage
  animarse to pluck up courage
ánimo desire; courage
ansiedad *(f.)* anxiety
ansioso anxious
ante before, in the presence of
anterior previous
antes before
anticipado: por anticipado in advance
antiguo former; old, ancient
antojarse to fancy
anudado tied up
anudar to knot
año year
  por largos años for many years
apagar to turn off, extinguish
aparecer (aparezco) to appear, show up
aparentar to feign, to pretend
aparente apparent, visible
aparición *(f.)* appearance
apartamento apartment
apartar to push aside
  apartar la vista to look away
aparte besides
apegado close
apegarse to stick
apenas hardly; only just
ápice *(m.)* bit
aplastar to flatten
aplauso applause
aplazar to postpone
aplicarse to dedicate oneself
apodo nickname
aporrear to bang on
apostolado apostolate
apoyar to support; to lean
apoyo support
apreciar to hold in esteem
aprecio esteem

aprender to learn
apresurarse to hurry
apretado tight; packed
apretar (ie) to grip; to tighten; to squeeze
  apretarse (ie) to tighten; to huddle
apretujado squeezed together
aprisa fast
aprovechar to take advantage of
apurado in a hurry
apuro rush, hurry; trouble
aquí here
aquietar to calm
arado plow
árbol *(m.)* tree
arco arch
arder to burn
ardor *(m.)* heat
arma *(f.* but **el arma)** weapon
arpillera sackcloth
arquitecto architect
arrancar to take out
arrastrar to drag, haul
arrebatarse to go crazy
arrebujado wrapped up; muffled
arreglar to set up
arreglo arrangement
arremolinarse to whirl, mill
arrepentirse (ie) to be sorry, regret
arriba up; upstairs
  patas arriba upside down
arrollar to sweep away
arroyo stream
arroz *(m.)* rice
arruga wrinkle
arrugado wrinkled
arrullar to lull
artista *(f./m.)* artist
artístico artistic
asaltar to assault
ascendido promoted
ascensor *(m.)* elevator
asegurarse de to make sure
asentar (ie) to sharpen
asesino assassin
así so; like this
  Así es. That's right.
asimismo also, too
asistir to help
asolearse to sunbathe
asomar to stick out; to appear

aspecto appearance
áspero harsh, rough
aspirar to inhale
asunto matter
asustar to frighten
atemorizado frightened
atención (f.) attention
   prestar atención to pay attention
ateo atheist
aterrar (ie) to terrify
atinar to succeed, manage
atlético athletic
atónito astonished
atormentar to torment
atractivo attractive
atraer (like **traer**) to attract
atrás behind
atravesar (ie) to go through, to cross
atreverse (a) to dare
atropellado hasty
aturdido stunned
aturdimiento bewilderment
aumentar to increase
aun even
aún still
aunque although
ausencia absence
autodramatizar to turn everything into a
   tragedy
autoridad (f.) authority
autosuficiencia self-sufficiency
avanzar to move forward; to advance
avenida avenue
aventura adventure
aventurar to hazard
   aventurarse to venture
avergonzado embarrassed
averiguar to find out; to inquire
ayer yesterday
ayuda help
ayudar to help
azada hoe
azotea flat roof
azúcar (m.) sugar
   ingenio de azúcar sugar mill
azul blue
   azulino bluish

badana sheepskin
bailar to dance

bajar to go down; to lower
   bajar(se) de to get off
bajo under
   hablar bajo to speak in a low voice
bala bullet
balcón (m.) balcony
baldío waste land
bandera flag
bañadito (bañado) all washed up
bañar to bathe
   bañarse to take a bath
baño bathroom
barba beard
barbero barber
barbilla chin
barco ship
bastante enough
bastar to suffice
bata robe
   batón (m.) **(bata)** loose robe
batir to whip
bautizar to baptize
beatitud (f.) beatitude, bliss
bebé (f./m.) baby
beber to drink
bendición (f.) blessing
besar to kiss
beso kiss
biblioteca library
biela beer (Ec.)
bien well; very
   bien parecido good-looking
   obra de bien good deed
bigote (m.) mustache
bizco cross-eyed
bizcochito (bizcocho) cupcake
blanco white
blasfemar to curse
blasfemia blasphemy
blusa blouse
boca mouth
   no decir ni esta boca es mía to say not
   even a word
bocacalle (f.) intersection
bocanada puff
bocina horn
bolígrafo ball pen
bolita (bola) little ball
bolsa bag
bolsillo pocket

bolso   purse
bonito   pretty
borde *(m.)*   edge
  al borde   on the edge
borrar   to erase
bosque *(m.)*   forest
  bosquecito (bosque)   woods
bostezar   to yawn
bota   boot
botar   to throw away
botarse de   to jump off
bote *(m.)*   boat
botella   bottle
botón *(m.)*   button
bovino   bovine
boxeo   boxing
bracito (brazo)   little arm
brasero   brazier
bravo   courageous; angry
brazo   arm
brecha: seguir en la brecha   to remain
  always at it
breve   brief, short, small
brigada   brigade
brillante   bright, shiny
brillar   to shine
brillo   sparkle, shine
brisa   breeze
brocha   brush
brotar   to spring, bud, gush out
bruces: de bruces   face downwards
brusco   brusque
bueno   good, well
bufanda   scarf
bullicio   noise, hubbub
burbuja   bubble
burlarse de   to mock, to make fun of
burlón   mocking
busca   search
  en busca de   in search of
buscar   to look for
búsqueda   search

caballería   mount
caballero   gentleman, sir
caballerosidad *(f.)*   chivalry
caballo   horse
cabellera   head of hair
cabello   hair

cabeza   head
cabo: al cabo de (+ time)   after
  al fin y al cabo   after all
cacha   handle of a knife
cada   each
cadáver *(m.)*   dead body
caer(se)   to fall down
  al caer la noche   at nightfall
  caer la tarde   to get dark
  caer pesado   to dislike
  caerle bien   to look good on
café *(m.)*   coffee
cafetal *(m.)*   coffee plantation
cafetera   coffeepot
caído   fallen
cajón *(m.)*   drawer
  de cajón   habitual
calamidad *(f.)*   calamity, disaster
calcular   to calculate
calentar (ie)   to heat
calidad *(f.)*   quality
cálido   warm
caliente   hot
calma: con calma   calmly
calor *(m.)*   heat
calzada *(n.)*   roadway
calzado *(adj.)*   with shoes on, wearing shoes
calzar   to put on shoes
callado   quiet, silent
callar   to silence
  callarse   to be quiet; to shut up
calle *(f.)*   street
calloso   callous
cama   bed
  camita (cama)   small bed
  camota (cama)   large bed
cambiar   to change
cambio   change
  en cambio   on the other hand
camellón *(m.)*   big flowerpot
caminante *(m.)*   traveller
caminar   to walk
caminata   hike
camino   way, path, road
camión *(m.)*   truck; bus *(Mex.)*
  camión de mudanzas   moving van
camionero   truck driver
camisa   shirt
  camisita (camisa)   little shirt
  camiseta   t-shirt

campana bell
campesino peasant
campo country
canasto basket
canción *(f.)* song
  cancioncita (canción) song
  letra de la canción lyrics
candela: ser la candela *(coll.)* to be
    something else
candelabro candelabrum, candlestick
candidato candidate
canje *(m.)* exchange
cansancio tiredness
cansarse to get tired
cantado: está todo cantado there's nothing
    more to say
cantar to sing
cantarín *(m.)* singer
cantero large flower pot
cantina canteen
canto pebble
caos *(m.)* chaos
capa layer
capa de agua raincoat
capacidad *(f.)* ability
capaz able
capilla chapel
capitán *(m.)* captain
capricho whim
  caprichoso whimsical
cara face
  de cara a facing
característico characteristic
carcajada burst of laughter
carga load
  volver a la carga to renew the attack
cargado loaded up, carrying
cariado decayed
caricia caress
caridad *(f.)* charity
cariño affection
cariñoso loving, affectionate
carne *(f.)* meat; flesh
carnoso fleshy
caro expensive
carraspear to clear one's throat
carrera race
carrete *(m.)* film roll
carretera highway
carretero cart driver

carro car; cart
carta letter
cartel *(m.)* poster; sign; billboard
cartón *(m.)* cardboard
casa house; home
  casa de empeños pawnshop
casarse to get married
cascado harsh
cascarrabias *(m./f. s./p.)* grumpy person
casco hoof
casi almost
caso case
  venir al caso to be relevant
castigar to punish
castigo punishment
casualidad *(f.)* chance
catástrofe *(f.)* catastrophe
categoría category, class
caucho rubber
causa cause
  a causa de because of
causante *(f./m.)* one who caused something
cavar to dig
cavilar to ponder, worry about
cazar to catch
ceder to slacken
ceguera blindness
celebrar to hold
célebre famous
cementerio cemetery
cenicero ashtray
Cenicienta Cinderella
ceniza ash
centena hundred
centeno rye
cera wax
cerca (de) close to, near
  cercano close by, nearby
cercenado amputated
cerner (ie) to hang, to loom
cerrar (ie) to close
cerrojo: echar cerrojo to lock
certero accurate
certidumbre *(f.)* certitude
cesar to stop
cíclico cyclic
ciclón *(m.)* cyclone
ciego blind
  quedarse ciego to become blind
cielo sky; heaven; dear, darling

ciencia science
cientos hundreds
cierto certain, true
cigarrillo cigarette
  liar un cigarrillo to roll a cigarette
cine *(m.)* cinema
cinturón *(m.)* belt
ciprés *(m.)* cypress
circulación *(m.)* circulation
circular to walk about
circunstancia circumstance
ciudad *(f.)* city
clandestino underground
claro clear *(adj.)* clearly *(adv.)*; opening,
  clearing *(n.)*
  claro está of course
clase *(f.)* class; sort
clásico classic
clavar to pierce
clavel *(m.)* carnation
clavo nail
cliente *(f./m.)* customer
cobardía cowardice
cobrar to charge (money)
cocina kitchen
cocinería cheap restaurant *(Chi.)*
coche *(m.)* car
  cochecito (coche) toy car
codo elbow
coger to get; to take
coincidencia coincidence
coincidir to coincide
cola tail
colcha bedspread
colchón *(m.)* mattress
colega *(f./m.)* colleague
colegio school
colgar (ue) to hang
colmo: para colmo to top it all
colocar to put, place
colonia neighborhood
columna: columna vertebral backbone
combinar to combine, to match
comedero cheap restaurant
comedia comedy
comedor *(m.)* dining room
comentar to comment
comentario comment, remark
comenzar (ie) to begin
comer to eat

cometa *(m.)* comet
cometer to commit
cómico *(n.)* comedian
comida food
comienzo beginning
comisario police inspector
como approximately (+ time); as; since,
  because
cómo how
compacto thick
compañero partner; schoolmate
comparación *(f.)* comparison
compartir to share
compás: al compás in time to
compasión *(f.)* pity
compasivo compassionate
compensar to make up
complacer (complazco) to please,
  accommodate
completito (completo) complete
complicado complicated
cómplice *(f./m.)* accomplice
composición *(f.)* composition
compra buy
comprador *(m.)* buyer
comprar to buy
comprender to understand
comprendido understood
comprobar (ue) to confirm, check
compuerta floodgate
con: dar con to find
concentrarse to concentrate
conciencia: de conciencia conscientious
concluir to finish
concurrido crowded
condecorado decorated
condenar to condemn
condición *(f.)* condition
conducir (conduzco) to lead; to drive
conducta conduct
confesar to confess
confesión *(f.)* confession
confiado trusting
confianza trust, self-assurance
confiar en to trust
confrontar to confront
confundido confused
confundir to mix up
  confundirse to get mixed up
conglomerado *(n.)* conglomerate

congoja grief
conjurar to exorcize
conmigo with me
conocer (conozco) to know
conocido *(n.)* acquaintance
consagrar to dedicate
consejero adviser
consejo advice
conserje *(m.)* building superintendent
conservado preserved, kept
conservar to keep
considerar to consider
consigo with himself/herself/themselves/
   yourself/yourselves
consolar (ue) to comfort
constante constant
consuelo comfort, relief
consultar to look up; to consult
contado few
   en contadas ocasiones seldom
contar (ue) to tell
   contar con to count on
contemplar to contemplate
contención: muro de contención retaining
   wall
contener (like **tener**) to contain; to hold
contentar to please
contento happy
contestar to answer
continuado continuous
continuar to continue, to go on
contra against
   en contra de against
contracción *(f.)* contraction
contrario opposite
contribuir to help, to contribute
convencer (convenzo) to convince
convencimiento conviction
convento convent
converger (converjo) to converge, to unite
conversar to converse
conversona *(Ec.)* talkative
convertirse (en) (ie) to become
convincente convincing
convulso convulsed
copa a drink, goblet
copiado class notes
corazón *(m.)* heart
corbata tie
   deshacer el nudo de la corbata to untie

cordillera mountain range
cordón *(m.)* string, lace
coronel *(m.)* colonel
corredera: puerta corredera sliding door
corregir (i) (corrijo) to rectify
correr to run
   correr peligro to be in danger
corresponder to befit
corrientazo electric shock
corriente *(f.)* current
cortar to cut, to cut off
   cortarse to cut oneself; to be embarrassed
cortina curtain
corto short
cosa thing
   cosita (cosa) rica sweet thing
   ser cosa de to be a matter of
cosecha harvest
costado side
costar (ue) to find difficult
costilla rib
costumbre *(f.)* habit
costurera seamstress
cotidiano daily
crecer (crezco) to grow, to grow up
creer to believe
crepuscular twilight
crepúsculo twilight, dusk
crespo hair curl *(n.)*; curly *(adj.)*
crimen *(m.)* crime
crisantemo chrysanthemum (flower)
cristal *(m.)* glass
cristianamente christianly
crueldad *(f.)* cruelty
cruz *(f.)* cross
cruzar to cross
cuadra city block
cual like, as
cuál which
cualquier(a) any
cuando when
cuanto whatever
   en cuanto as soon as
   en cuanto a with regard to
cuánto how much
cuarta: de cuarta fourth-rate
cuarto room
   cuartito (cuarto) small room
   cuartucho (cuarto) hovel
cubierta *(n.)* deck

cubierto place setting (table) *(n.)*; covered *(adj.)*
cubrir to cover
cuclillas: en cuclillas squatting
cuello neck
cuenta: darse cuenta de to be aware of, realize
  tener en cuenta to bear in mind
cuentas arithmetic
cuento story
cuerazo (cuero) *(coll.)* good-looking woman
cuerpo body
  cuerpecito (cuerpo) little body
cuestas: a cuestas on one's back
cuidado care
  tener cuidado to be careful
cuidadosamente carefully
cuidar to take care
culpa fault, blame
culpar to blame
cumpleaños *(m.)* birthday
cumplir to fulfill
cumplir... años to turn . . . years old
cuneta ditch
cuñado brother-in-law
curar to cure
curiosidad *(f.)* curiosity
curioso curious
cursar: cursar estudios to study
curtido tanned
cuyo whose

chao bye
charco puddle
charlatán *(m.)* talkative, pedlar
chasquido crack
chaval *(m.)* kid
chévere nice
chica *(n.)* young woman
chico *(n.)* young man
chiche: venir chiche *(Arg.)* to be just what is needed
chicotear to tease, have fun
chismosa tattletale
chispa spark
chofer *(m.)* driver
chorro jet
chupar to suck

danzar to dance
dar to give
  dar con to find
  dar de comer to feed
  dar el tipo to be cut out for
  dar ganas de to make feel like
  dar gloria de ver to be delightful to see
  dar parte to give notice
  dar paso a to open the way to
  darle la vuelta to go around
  darle por to get in the habit of
  darle vueltas to worry about
  darse a to dedicate oneself
  darse cuenta de to realize, become aware of
debajo (de) under
deber must, should, ought
deberse to be due
debido due, proper
decaer (like **caer**) to decline
decaimiento weakening
decidido determined
decidir to decide
decir to say, to tell
  es decir that is, in other words
declaración *(f.)* statement
decorado *(n.)* scenery, set
dedicado dedicated, devoted
dedo finger
  dedos afilados slender fingers
  dedo gordo thumb
  yema del dedo fingertip
defecto defect
defender (ie) to defend
definitiva: en definitiva in short
degollar (ue) to behead
degradar to demote
dejar to allow; to leave (behind)
  dejar con la bata alzada to stand someone up
  dejar de *(+ inf.)* to stop (+ gerund)
delantal *(m.)* apron
delante in front
deleite *(m.)* delight
deletrear to spell
delgado slim
delicado delicate
delicia delight
demás other
  lo demás the rest

demasiado   too much
demodé   outdated
demonio   devil
demostrar (ue)   to show
dentro de   inside
departamento   apartment
depender (de)   to depend (on)
deporte *(m.)*   sport
derecho   right
   a su derecha   to his/her/your/their right-hand side
derramar   to spill
derrumbado   knocked down
desabrochado   unfastened
desagradable   unpleasant
desalentado   discouraged
desaparecer (desaparezco)   to disappear
desarreglar   to mess up
desarrollar   to develop
desayunar   to have breakfast
desayuno   breakfast
desbordado   overflowed
descalzo   barefoot
descampado *(n.)*   open field
descender (ie)   to go down
descenso   descent
desconcertante   upsetting
desconocido   unknown
describir   to describe
descuartizado   cut up
descubierto: al descubierto   openly
descubrir   to discover
desde   since (+ time); from (+ place)
   desde luego   of course
desear   to wish
deseo   desire
desesperación *(f.)*   desperation, despair
desesperado   desperate
desesperarse   to despair
desfiladero   narrow pass
desfilar   to parade
desgarrado   ripped
desgracia   misfortune
desgraciado   unfortunate; unpleasant
deshacer (like **hacer**)   to untie
deshielo   thawing
desierto   deserted; empty
designar   to appoint
desilusionado   disillusioned

desinteresado   uninterested
deslizarse   to slide
desmadejar   to unravel
desmesuradamente   extremely
desnudo   naked
desolación *(f.)*   distress
despabilar   to rise
despacio   slowly
   despacito (despacio)   slowly
despedirse (de) (i)   to say goodbye
despertador *(m.)*   alarm clock
despertar(se) (ie)   to wake up; to arise
despojo   remains
despreciar   to despise, look down on
después   after; next
destacado   outstanding
destacar   to highlight, emphasize; to stand out
destello   flash
desteñido   discolored, faded
destinado   destined
destino   fate; destination
destornillador *(m.)*   screwdriver
destrozo   damage
destruir   to destroy
desvanecido   fainted
desventaja   disadvantage
desventajoso   disadvantageous
desviar   to deviate
   desviar la vista   to look away
detenerse (like **tener**)   to stop
detenido   standing
deteriorar   to spoil; to wear out
determinación *(f.)*   decision
determinado   determined
detrás (de)   behind
día *(m.)*   day
diablos: ¡Qué diablos!   Damn it!
diálogo   dialogue
dibujante *(f./m.)*   person who draws
dibujar   to draw
dibujo   drawing
diccionario   dictionary
dictamen *(m.)*   opinion, judgment
dichoso   fortunate, lucky; (ironic) darn
diente *(m.)*   tooth
diferencia   difference
diferente   different
difícil   difficult
dilacerante   painful

diminuto   tiny
dinero   money
dios *(m.)*   god
  por Dios   for God's sake
dirección *(f.)*   direction; way; address
directamente   directly
dirigir (dirijo)   to turn to; to manage; to aim; to address
  dirigirse a   to go
discernir (ie)   to distinguish
discordante   discordant
discreción *(f.)*   discretion
discreto   discreet
disculpar   to excuse
discusión *(f.)*   argument
discutir   to argue
disfraz *(m.)*   costume, disguise, mask
disfrazarse   to disguise
disfrutar (de)   to enjoy
disgusto   quarrel
disimuladamente   furtively
disimular   to dissimulate
disparado: salir disparado   to go off like a shot
disparar (contra)   to shoot (at)
disparo   shot
dispuesto   ready; willing
distancia   distance
distante   distant, far
distinguir   to distinguish
distinto   different
distraerse (like **traer**)   to let one's mind wander
distraído   absentminded
distribución *(f.)*   distribution
diversión *(f.)*   amusement
divertido   funny, amusing
divertirse (ie)   to enjoy oneself
dividir   to divide
divino   divine
divisar   to make out, distinguish
doblar   to turn
  doblarse   to bend
doble   double
dócil   docile
documental *(m.)*   documentary
dolencia   ailment
doler (ue)   to hurt
dolor *(m.)*   pain

doloroso   painful
donde   where; at the place of
dorado   golden
dormir (ue)   to sleep
  dormirse   to fall asleep
dormitar   to doze
dormitorio   bedroom
dorso   back
dotar   to endow
ducha   shower
  ducharse   to take a shower
dúctil   pliable
duda   doubt
  no cabe duda de   there is no doubt
dueño   owner
durante   during
durar   to last
durazno   peach
dureza: con dureza   hard, harshly
duro   hard

e   and (before i/hi)
echar   to throw
  echar a la suerte   to draw lots
  echar a perder   to spoil
  echar a un lado   to cast aside
  echar cerrojo   to lock
  echar una ojeada   to glance
echarse   to lie down
  echarse a *(+ inf.)*   to start to do something
  echarse encima   to bear down on
  echarse para atrás   to lean back
edad *(f.)*   age
edificio   building
eficiente   efficient
ejecución *(f.)*   carrying out
ejercer (ejerzo)   to use
ejercicio   practice
ejército   army
eléctrico   electric
eludir   to avoid
embargo: sin embargo   however
embestir (i)   to smash, to charge (as an animal)
embozar   to cover one's face
embriagante   intoxicating
embromarse   to get annoyed
emoción *(m.)*   emotion

empapado soaked
empavonado blue
empeñarse en to insist on
emperifollado dressed up
empero nevertheless
empezar (ie) to begin
empinar to rise
empleada employee
empleo use
emprender to undertake, to set out on; to pick a quarrel
empresa business
empujar to push
enamorado (de) in love (with)
encantador charming
encaramado climbed upon
encargarse de to take care of
encendedor *(m.)* lighter
encender (ie) to light
encendido on fire
encerrar (ie) to shut in, lock up
enciclopédico encyclopaedic
encima above, on top of
  echarse encima to bear down on
encogerse (like **coger**) to shrug
encontrar (ue) to find
  encontrarse con to run into
encuentro rendezvous
  encontrón (encuentro) *(m.)* sudden encounter
endrina sloe
enemigo enemy
enfermedad *(f.)* sickness
enfermo sick
enfilado: tener enfilado to be fed up with
enfrente in front, opposite
engalanado dressed up, adorned
engaño deception
enguatado padded
enjabonar to soap
enjuto skinny
enlazado tied
enlazar to tie
enmudecer (enmudezco) to become silent
enorme enormous, huge
enredar to tangle up
  enredarse to have an affair
enredo complicated plot
enrolar to enlist
enrollar to twitch

ensalada salad
ensanchar(se) to widen
ensayar to try
ensayo rehearsal
enseguida right away
enseñar to teach; to show
ensimismado absorbed in thought
ensueño fantasy
entender (ie) to understand
enterado in the know
enterarse de to find out about, to become informed
entero whole, entire
enterrar (ie) to bury
entonces then
entrada entrance
entrar to enter, to come in
entre between, among
entreabierto half-open
entrever (like **ver**) to make out
envejecer (envejezco) to age
envidia jealousy
envidiar to envy
envolver (like **volver**) **(ue)** to wrap up
envuelto wrapped up
época era, time period
equilibrio balance
equivocado mistaken, wrong
erguido up, risen
erizado pointed
error *(m.)* mistake
esbozar: esbozar una sonrisa to give a faint smile
escalera stairway
  escalera de caracol spiral staircase
  escalera de tijera folding ladder
escalofrío shiver
escándalo loud noise
escapar to escape
escarlata scarlet
escarmentar (ie) to learn a lesson
escena scene
esclavizar to enslave
escoger (like **coger**) to choose
esconder to hide
escribir to write
escrito written
escritor writer
escritorio office; desk
escrúpulo scruple

escuchar to listen to
escuela school; schoolhouse
escurrir to drain, to slip
esfuerzo effort
esmalte *(m.)* enamel
esmero care
esmirriado thin
espalda back
espanto: de espanto frightening
espantoso frightening
esparcir (esparzo) to spread
especial: en especial especially
especialista *(f./m.)* specialist
especie *(f.)*: **una especie de** a sort of
espectáculo sight
espejo mirror
  espejito (espejo) little mirror
espera wait
esperanza hope
esperar to wait; to wait for
espesura thickness
espionaje *(m.)* espionage
espléndido splendid
espontáneo spontaneous
esposa wife
esposo husband
espuma lather, foam
esquina corner
establecer (establezco) to establish
establecimiento establishment, building
establo stall
estallar to burst
estallido explosion
estampido bang
estante *(m.)* shelf
estar to be
estético aesthetic
estilo style
  por el estilo of the sort
estimado dear
estómago stomach
estrecho narrow
estrella star
estrellar(se) to smash
estremecer(se) (estremezco) to shake, to
    shudder
estrenado used for the first time
estrépito racket
estruendo roar, din
estruendoso noisy

estudiante student
estudiar to study
estudio studio
estúpido stupid
estupor *(m.)* amazement
eternamente eternally
eternidad *(f.)* eternity
evacuado evacuated
evitar to avoid
exactamente exactly
exaltar to extol
excepto except
excitado excited
exclamación *(f.)* exclamation
exclusivamente exclusively
exigencia demand
exigir (exijo) to demand
existencia existence
existir to exist
éxito success
expectante expectant
expectativa expectation
experimentar to experience
explicar to explain
extasiarse to go into raptures
extender (ie) to spread out
exteriorización *(f.)* showing, manifestation
extinguir (extingo) to extinguish, to wipe
    out
extraer (like **traer**) to take out
extrañar to miss
extraño strange, odd
extremo *(n.)* end

fábrica factory
fabricar to make
fábula fable
fachada façade, front
fácil easy
faena task
falda lap
falsamente falsely
falta: en falta at fault
  hacer falta to need
faltar to be lacking
fallar to fail
fallo defect
familia family
familiar *(m.)* relative

famoso famous
fanático fanatic
fango mud
farol *(m.)* street lamp
farsa farce
fascinado fascinated
fascinante fascinating
fatiga fatigue
fatigado tired
favorito favorite
fe *(f.)* faith
felicidad *(f.)* happiness
feliz happy
fenomenal wonderful
fenómeno phenomenon
feo ugly
feroz ferocious
fiesta party
figura figure
figurarse to imagine
fijada fixed
fijarse (en) to notice
fijo fixed
fila row
filo edge
filtro filter
filudo sharp
fin *(m.)* end
  al fin finally
  al fin y al cabo after all
  por fin finally
finado deceased
final end *(n.m.)*; last *(adj.)*
finalmente finally
fincar: fincar el orgullo to take pride
fino fine, delicate, slender
firme firm
flaco thin
flagelar to whip, lash
flanco flank
flor *(f.)* flower
florero vase
flotante floating
flotar to float
fluir (fluyo) to flow
fogata bonfire
fogonazo flash
folio sheet of paper
fondo bottom; background
  en el fondo deep down

footing *(m.)* jogging
forastero outsider, stranger
forjar to forge, make
forma way, fashion; shape
formar to make, constitute
forro cover
fortaleza fortress
fortuna fortune
forzado forced
fósforo match
foto (fotografía) *(f.)* picture
fracasar to be unsuccessful, to fail
fracaso failure
frasco small bottle
frase *(f.)* phrase
fray *(m.)* friar (when used before a proper name, i.e., **Fray Martín;** otherwise **fraile**)
frecuente frequent
frenar to brake
frente a opposite to, facing
frentón: de frentón (frente) straightforwardly
fresco fresh
fresno ash tree
frío cold *(adj.)*; cold weather *(n.)*
fruición *(f.)* enjoyment
fruncido wrinkled
frustración *(f.)* frustration
fruta edible fruit
fruto fruit, produce, result
fuego fire
fuelle *(m.)* bellows
fuente *(f.)* fountain
fuera: fuera de outside of
  los de fuera outsiders
fuerte strong
fuerza strength
fuga: poner en fuga to put to flight
fumar to smoke
función *(f.)* performance
funcionar to work, function
funda sheath
furia wrath
furibundo furious
furioso furious
furtivo furtive
fusilamiento execution
fusilado executed by shooting
fútbol *(m.)* soccer

gafas   glasses; sunglasses
galán *(m.)*   leading man; lover, beau
gallo   rooster
  en lo que canta un gallo   in a flash
gamellón *(m.)*   feeding trough
gamuza   chamois
gana   desire
  de buena gana   willingly
ganadero   cattle raiser
ganado *(n.)*   cattle
ganar   to earn; to win; to save (+ time)
garantizar   to vouch for
gasto   expense
gato   cat *(n.)*; shrewd (as a cat) *(adj.)*
gemelo   twin
generosidad *(f.)*   generosity
genial   brilliant
gente *(f.)*   people
gesto   gesture
gimnasio   gymnasium
gira   tour
girar   to spin, to revolve; to turn
girasol *(m.)*   sunflower
gitano   gypsy
gloria: dar gloria de ver   to be a delight to
  see
golpe *(m.)*   blow; stroke; bang
golpear   to beat, hit
gordo   fat
gorra   cap
  gorrita (gorra)   small cap
gota   drop
gozar (de)   to enjoy
gracia   charm
gracias   thanks
gracioso   funny
graduarse   to graduate
grande   big, large
  los grandes   adults
  grandísimo   very big
grasa   grease
gratitud *(f.)*   gratitude
grato   pleasant
griego   Greek
gris   gray
gritar   to shout, yell
grito   shout, scream
grueso   fat
grumo   cluster
grupo   group

guagua   bus (Caribbean and Canary Islands)
guantera   glove compartment
guapo   good-looking
guardar   to keep; to save (money)
guardarropa *(m.)*   dresser
guerra   war
guijarro   pebble
guión *(m.)*   script
guitarra   guitar
gustar(-le algo a alguien)   to be pleasing to
  someone
gusto   liking
  a gusto   willingly
  del gusto   out of joy
  tomar gusto   to take a liking to

haber   to have *(auxiliary verb)*; to exist
había una vez   once upon a time there was
habilidad *(f.)*   skill
habitación *(f.)*   room
habitar   to live in
hábito   habit
habla *(f.* but **el habla**)   speech
hablar   to speak, talk
hacer   to make, do
  hace (tiempo) que   to have been going on
    for a certain time
  hacer falta   to be needed
  hacer viajes   to take trips
  hacerse   to become
  hacérsele   to seem
hacia   toward; to
hálito   breath
hallar   to find
hamaca   hammock
harapo   rag
hasta   even; until; up to
hay que *(+inf.)*   it is necessary, one must
hebilla   buckle
hebra   length of thread
hecho   fact *(n.m.)*; made *(adj.)*
hedor *(m.)*   stench
helado   chilled
helar (ie)   to freeze
helecho   fern
herir (ie)   to wound, injure, hurt; to offend
hermana   sister
hermano   brother
hermoso   beautiful

hervir (ie)   to boil
hierba   grass
hígado   liver
hija   daughter
hijo   son
hijos   children
hilo   thread
hinchar   to swell, to distend
hipnotizado   hypnotized
histérico   hysteric
historia   story
hoja   sheet; blade; leaf
hombre *(m.)*   man
   hombre de letras   man of letters
hombro   shoulder
honda   sling
hondo   deep
honradamente   honestly, honorably
hora   hour, clock time
hormar   to block
hormiga   ant
hornear   to bake
horrorizar   to horrify
hoy   today
hueco   hole
huérfano   orphan
hueso   bone
huir   to flee
humano   human
húmedo   humid, wet
humildad *(f.)*   humility
humo   smoke; nothing *(coll.)*
hundir   to sink
huraño   unsociable
hurgar   to rummage

idiotez *(f.)*   foolishness
iglesia   church
igual   same
ilusión *(f.)*   illusion
ilustración *(f.)*   drawing
imagen *(f.)*   image; statue
imaginación *(f.)*   imagination
imaginar   to imagine
imaginario   imaginary
imborrable   indelible
impaciencia   impatience
impaciente   impatient
impedir (i) (like **pedir**)   to prevent

impermeable *(n.)*   raincoat
imponer (like **poner**)   to impose
importado   imported
importancia   importance
importante   important
importar   to matter
importe *(m.)*   price
impregnar   to impregnate
impresión *(f.)*   impression
impresionar   to impress
imprevisto   unexpected
improviso: de improviso   all of a sudden,
   unexpectedly
impulso   impulse; thrust
inaugurar   to inaugurate
incidencia   incident
inclinar   to incline, slant
   inclinarse   to lean
incluir (incluyo) (like **huir**)   to include
incluso   even
incómodo   uncomfortable
incontenible   unrestrainable
incorporarse   to stand up, to sit up
increíble   unbelievable
incubarse   to incubate
indeciso   undecided
independencia   independence
indiferencia   indifference
indócil   indocile
índole *(f.)*   nature
inexpresividad *(f.)*   inexpressivity
infierno   hell
inflar   to inflate
informar   to inform
infortunio   misfortune
infructuosamente   unsuccessfully
infundir   to instill
ingenio: ingenio de azúcar   sugar mill
inglés   English
ingresar   to enter
inhalar   to inhale
inicial   initial
iniciar   to initiate, begin
injuria   insult
inmediato   immediate
   de inmediato   at once
inmenso   huge
inmóvil   motionless, still
inmovilidad *(f.)*   immobility
inmutable   immutable

inquietarse to get uneasy
inquieto restless
inquietud (f.) anxiety, uneasiness
insano insane, crazy
inscribirse to enter, to register
insignificante insignificant
insistir (en) to insist (upon)
insolente insolent
insomnio insomnia
inspeccionar to inspect
instalar to install
instante (m.) instant
insulflar to insufflate
insulto insult
intacto intact
intelecto intellect
intemperie: a la intemperie in the open
intensificarse to intensify
intentar to try
interés (m.) interest
interesar to interest
interior inside, inner part, interior
intermediario intermediary
internarse to penetrate
interrogatorio interrogation
intestino intestine
intimidad (f.) privacy
intranquilo uneasy
intratable unsociable
introducir(se) to get into
inundación (f.) flood
inútil useless
inutilizado unusable
invadir to invade
inventar to invent
invertir (ie) to reverse
investigación (f.) investigation, research
invierno winter
invitar to invite
involuntario unintentional
ir to go
ironía irony
irónico ironic
irritar to irritate
irrompible unbreakable
irse (like **ir**) to go away
izquierdo left
  a su izquierda to his/her/your/their left-hand side

jabón (m.) soap
jactarse (de) to brag, boast (about)
jamás never
japonés Japanese
jardín (m.) garden
  jardincito (jardín) small garden
jardinera flower stand
jaula cage
jilguero goldfinch
joven young
jubiloso joyful
júcaro hardwood tree
juego game
juez (f./m.) judge
jugar (ue) to play
juicio judgment
junto together
  junto a close to, next to
jurar to swear
justamente precisely
justo fair
juventud (f.) youth
juzgar to judge

kepis (m.) military cap
kiosco kiosc, stand

labio lip
labrar to carve (in stone); to plow
lacio flank
lado side
  al lado de beside
  por un lado on the one hand
ladrar to bark
ladrón (m.) thief
lágrima tear
lamentable deplorable, pitiful
lamento lamentation
lancha boat
lanzar to throw; to fire
  lanzar un suspiro to heave a sigh
lápida tombstone
largamente at length
largo long (adj.); length (n.)
  a lo largo along
lástima sympathy, pity
lata can
latir to beat

latigazos: a latigazos   using a whip
lavar   to wash
leche *(f.)*   milk
leer   to read
legua: a leguas   from the distance
lejos   far
lelo   stupid
lengua   language; tongue
lentitud *(f.)*   slowness
lento   slow
  a paso lento   at a walking pace, slowly
leña   firewood
letra   letter
  con todas las letras   in full
  letra de la canción   lyrics
letrero   sign, billboard
levantado   lifted up
levantar   to raise
  levantarse   to get up
levante *(m.)*   love conquest
liar: liar un cigarrillo   to roll a cigarette
liberador   liberating
libertad *(f.)*   freedom
librarse   to free oneself
libre   free
libreta   notebook
libro   book
licenciado   graduated
ligero   light, slight *(adj.)*; quickly *(adv.)*
limitar   to limit
limpiar   to clean
límpido   limpid
limpieza   cleanliness
limpio   clean
lindo   pretty
lío   mess
liso   smooth
  lisito (liso)   very smooth
listado   striped
listo   ready
liviano   light
lívido   livid
lóbulo   lobe
loco   crazy
locura   madness
lograr   to achieve, to manage, to succeed
loma   hill
losa   stone slab
lotería   lottery

sacarse la lotería   to win the lottery
lúcido   lucid
lucir (luzco)   to shine
  lucirse   to show off
luego   afterwards
lugar *(m.)*   place
lujoso   luxurious
lumbre *(f.)*   fire
luminoso   luminous
luna   moon
luz *(f.)*   light

llama   flame
  llamita (llama)   little flame
llamado   called
llamar   to call
  llamarse   to be called, to be named
llamativo   flashy
llanta   tire
llegada   arrival
llegar   to arrive
llenar   to fill up
  llenarse de   to become filled with
lleno   full, filled
  dar de lleno   to hit right
llevar   to take
llevar + tiempo   to have been for + time
llorar   to cry
llorido *(n.)*   cry
llover   to rain
lluvia   rain

madre   mother
madrugada   dawn, early morning
madurar   to mature
magia   magic
mágico   magic
magistrado *(n.)*   magistrate
mal *(n.m.)*   disease
maldito   damn
malo   bad
maloliente   foul-smelling
mamá   mom
  mamacita (mamá) *(coll.)*   sweetie
mameluco   rompers
mancha   stain
  manchón (mancha) *(m.)*   large spot

manchar to stain
mandar to order
mandíbula jaw
manejar to drive; to handle
manejo handling
manera way, manner
  a manera de by way of
  de otra manera otherwise
manía idiosyncracy
manifestación (f.) manifestation
maniquí (m.) mannequin
mano (f.) hand
  de la mano by the hand
mantener (like **tener**) to keep
  mantenerse to stand firm; to remain
manzana apple; Adam's apple
mañana tomorrow (adv.); morning (n.)
mañanita (mañana) very early in the
    morning
maquillar to make up
máquina machine
maquinalmente mechanically
mar (m./f.) sea
maravilla wonder, marvel
maravilloso wonderful, marvelous
marcar to mark, point to
marcha march
marchar(se) (de) to go away, leave
marco frame
margarita daisy
margen (m./f.) margin
  al margen de without her/his knowledge
marido husband
marinero sailor
mariposa butterfly
martillazo blow with a hammer
mas but
más more
  más allá beyond
  no más just, only
masa: en masa en masse
masoquista (m./f.) masochistic
mata plant, bush
matar to kill
maternidad (f.) motherhood
materno maternal
matorral (m.) thicket
matrimonio marriage, married couple
mayor older; greatest

mayormente mainly
mecánico (adj.) mechanical
mecerse (mezo) to sway
mechero burner
  mecherito (mechero) small burner
medallón (m.) medallion
media (n.) sock, hose
medias: a medias half each
médico physician
medida: a medida que at the same time as
medio half (adj.); mean, middle (n.)
medroso fearful
mejilla cheek
mejillón (m.) mussel
mejor better, best
  a lo mejor perhaps
melancólico melancholic, gloomy
melena mane
melodía melody
memoria memory
mencionar to mention
mendigo beggar
menor younger; minor
menos less
  al menos at least
menospreciar to despise, look down on
mensajera: paloma mensajera carrier pigeon
mente (f.) mind
mentira lie
mentón (m.) chin
menudear to happen frequently
menudo tiny
  a menudo often
merecer (merezco) to deserve
merodear to roam
mertiolate merthiolate, antiseptic for surface
    tissues
mes (m.) month
mesa table
  mesita (mesa) ratona small round table
    under which a brazier is placed
metálico metallic
meter to put inside
  meter de (trabajo) to be made a
    (occupation)
  meter miedo to frighten
  meterse to get, go inside
metro meter
mezclar to mix

miedo   fear
  meter miedo   to frighten
  tener miedo   to be afraid
miel *(f.)*   honey
mientras   while; in the meantime
mil   a thousand
milagro   miracle
  milagroso   miraculous
milésimo   thousandth, millesimal
milicia   army
militares *(n.)*   the military
mínimo   minimum, least
minuciosamente   meticulously
minuto   minute
mirada   look
mirar   to look at
misantropía   misanthropy
misiva   letter
mismito (mismo): ahí mismito   right there
mismo   same; -self
misterio   mystery
  misterioso   mysterious
místico   mystical
mochila   backpack, knapsack
modelo *(m./f.)*   model
moderno   modern
modito (modo)   way
modo   way
  de modo que   so that
  de todos modos   anyway
modulación *(f.)*   modulation
mohín *(m.)*   grimace
mojadera   dampness
mojar   to wet
  mojarse   to get wet
moler (ue)   to grind
molestar   to bother
molestia   discomfort
molesto   bothersome
momentáneo   momentary
momento   moment
mondo   bare
moneda   coin
mongólico   Mongolian
monjita (monja)   little nun
monótono   monotonous
monstruoso   monstrous
montaña   mountain
montar   to ride
montaraz   rough, unsociable

monte *(m.)*   mountain
montón *(m.)*   heap
morir (ue)   to die
morosamente   slowly
morral *(m.)*   backpack
mortuorio   funeral
mosaico   tile
moscardón *(m.)*   hornet
mostrar (ue)   to show; to display
motivo   motive
mover(se) (ue)   to move
movimiento   movement
muchacha   girl
  muchachita (muchacha)   little girl
muchacho   boy
mucho   a lot
  por mucho que   no matter how much
mudanza   change
mudar(se)   to move
mudez *(f.)*   muteness
mudo   silent, mute
mueble *(m.)*   furniture
muerte *(f.)*   death
muerto *(n.)*   dead person
mugre *(f.)*   filth, grime
mujer   woman
  mujercita (mujer)   young woman
multicolor   multicolored
mundial   world *(adj.)*
mundo   world *(n.)*
muñeca   wrist
muralla   wall
murmurar   to whisper
muro   wall
  muro de contención   retaining wall
músculo   muscle
  musculoso   muscular
música   music
musitar   to whisper
muslo   thigh
mutilación *(f.)*   mutilation
mutilado   mutilated
mutuo   mutual
muy   very

nacer   to be born
nada   nothing
nadar   to swim
nadie   nobody

nado: a nado   swimming
naranja   orange
  naranjo   orange tree
nariz *(f.)*   nose
narrar   to narrate
natación *(f.)*   swimming
natal   native
naturaleza   nature
naturalidad *(f.)*   native ease
naturalmente   naturally
naufragio   shipwreck
navaja   razor, blade
navegar   to sail
necesario   necessary
necesitar   to need
negarse a (ie)   to refuse
negocio   business
negro   black
nervioso   nervous
ni   not even
  ni... ni   neither . . . nor
ninguno   nobody, none
niña   girl
niño   boy
niños   children
nitidez *(f.)*   clarity, sharpness
nivel *(m.)*   level
noche *(f.)*   night
  a la noche   at night
  al caer la noche   at nightfall
nombre *(m.)*   name
nones *(coll.)*   no
normalmente   normally
nota   note
notable   remarkable
notar   to notice
  notarse   to be noticeable
novedad: sin novedad   nothing new, no
  change
novela   novel
novio   fiancé
nube *(f.)*   cloud
nuca   nape
nudo   knot
nuevamente   again
nuevo   new
  de nuevo   again
  nuevecito (nuevo)   very new
número   number
nunca   never

obedecer (obedezco)   to obey
obediente   obedient
objeto   object; purpose
obra   work
  obra de bien   good deed
  obra de teatro   play
obrero   worker
obstante: no obstante   nevertheless
observar   to notice; to observe
obtener (like **tener**)   to obtain
obtuso   obtuse
ocasión *(f.)*   occasion
  en contadas ocasiones   seldom
ocultar   to hide
ocupar   to take up; to occupy
ocurrencia   idea
ocurrido   witty
ocurrir   to happen
ocurrírsele (algo a alguien)   to come up with
  an idea
odiar   to hate
odio   hatred
oficiar   to act as
oficio   job
ofrecer (ofrezco)   to offer
oído   inner ear
oír (oigo)   to hear
ojalá   if only
ojeada: echar una ojeada   to glance
ojo   eye
  a ojos ciegas   blindly
  ojos rasgados   almond (shaped) eyes
  rabo del ojo   corner of the eye
ola   wave
oler (huelo, olemos)   to smell
olor *(m.)*   smell
  oloroso   fragrant
olvidar   to forget
onda   wave
opaco   gloomy
opacar(se)   to turn gloomy
operación *(f.)*   surgical operation
operar   to occur
operarse   to undergo surgery
oportunidad *(f.)*   opportunity, chance
orden *(f./m.)*   order
ordenado   tidy, orderly
ordenar   to order, command
ordinario   mediocre, commonplace
oreja   ear

órgano   organ
orgullo   pride
  fincar el orgullo   to take pride
orgulloso   proud
orificio   hole
orilla   shore
  a orillas del río   by the riverside
oro   gold
oscurecer   to darken
oscuridad *(f.)*   darkness
oscuro   dark
otoño   autumn
otras: otras tantas   just as many
otro   other, another
  uno que otro   an occasional
óvalo   oval

pa (para) *(coll.)*   for
paciencia   patience
paciente   patient
padre   father
padres   parents
pagar   to pay (for)
país *(m.)*   country
pájaro   bird
  pajarita (pájaro)   naive girl (innocent as a bird)
palabra   word
palidez *(f.)*   paleness
pálido   pale
palma   palm; palm tree
palmada   tap
paloma: paloma mensajera   carrier pigeon
palpar   to touch
pan *(m.)*   bread
  panecillo (pan)   bread roll
panorámico   panoramic
pantalla   shield
pantalones *(m.p.)*   pants
pañuelo   handkerchief
papá   dad
  papi (papá)   daddy
  papis *(m.p.)*   parents
papel *(m.)*   paper; role
paquete *(m.)*   parcel, package
par *(m.)*   pair
para   for; in order to (+ inf.)
  para que   so that
parado   standing

paraíso   bird of paradise (flower)
parar(se)   to stand up; to stop
parchar   to patch
pardillo   linnet
pardo   brown
pardusco   brownish
parecer (parezco)   to seem; **parecerse a**   to resemble
parecido: bien parecido   good-looking
pared *(f.)*   wall
parpadear   to blink
párpado   eyelid
párrafo   paragraph
parroquiano   regular customer
parsimonia   parsimony, unhurriedly
parte *(f.)*   part
  dar parte   to give notice
  de un tiempo a esta parte   for some time now
  en parte alguna   nowhere
particularmente   particularly
partida *(n.)*   departure
partidario   supporter
partir   to break
pasadera: pasadera de mano   petting
pasado   last, past; old fashioned, outdated
pasar   to pass by; to go through; to take place; to elapse
  pasar la mano   to run one's hand; to pet
  qué le pasa   what's wrong
pasear   to take a walk, stroll
paseo   stroll, walk
  dar un paseo   to go for a walk, stroll
paso   step
  a paso lento   at a walking pace, slowly
  dar paso a   to open the way to
pasta   paste
pastilla   pill
patas: patas arriba   upside down
paterno   paternal
patilla   sideburn
patraña   hoax
pausa   pause
paz *(f.)*   peace
pecho   chest; breast
pedazo   piece, bit
pedir (i)   to ask (for something), order
pedrada   blow with a stone
pegado   close to
peinar   to comb

pelea argument, fight
pelele *(m.)* puppet
película movie picture
  de película sensational
peligro danger
pelo hair
peluquería barber shop
pena sorrow, grief
  valer la pena to be worthwhile
penca branch of a palm tree
pender to hang
pensamiento thought
pensar (ie) to think, plan, intend
pensativo pensive, thoughtful
penumbra dimness
peor worse, worst
pequeño small
percibir to perceive
perder (ie) to lose
  echar a perder to spoil
pérdida loss
perdón *(m.)* pardon, forgiveness
perdonar to forgive
perezoso lazy
perfección *(f.)* perfection
perfecto perfect
perfil *(m.)* profile
periódico newspaper
periodista *(f./m.)* journalist
perla pearl
permanecer (permanezco) to remain
permitir to allow
pero but *(conj.)*; fault *(n.)*
perrazo (perro) big dog
perro dog
perseguir (i) to chase
persona person
personaje *(m.)* character
personal *(m.)* personnel
perspectiva perspective
perspicaz shrewd
pertenecer to belong
perturbación *(f.)* disturbance
pesadez *(f.)* heavy feeling
pesadilla nightmare
pesado heavy; unbearable *(coll.)*
pesar *(m.)* sorrow
  a pesar de in spite of
pescar to catch
pescuezo neck

pese a in spite of
pesebre *(m.)* manger
peso monetary unit (in some Latin American countries)
pestañas eyelashes
pestañear to blink
piadosamente devoutly
picana goad
pico peak
pie *(m.)* foot
  piececito (pie) little foot
  ponerse de/en pie to get up; to stand up
piedra stone
  piedrecilla (piedra) pebble
  piedrecita (piedra) pebble
piel *(f.)* skin
pierna leg
pillar to catch
pillo thief
pinche *(coll.)* bad, deficient
pintado painted
pintarse to put on makeup
piojo louse
pipa pipe
piso floor; apartment *(Sp.)*
pisotear to trample on
pistola pistol, gun
pituquísima (pituca) very pretty girl *(Ec.)*
plácidamente placidly
planchar to iron
planear to plan
plano map
  de plano absolutely
planta plant
plantarse to stand oneself
plata silver
plátano banana tree
platillo saucer
plato plate
playa beach
plaza square
plena: a/en plena in full
pluma pen
poblar (ue) to people, to populate, to fill
pobre poor; unfortunate
pobreza poverty
pocillo cup
poco little, not much; few *(adj.)*
poder *(m.)* power
poder (ue) to be able, can

podredumbre *(f.)* rottenness
podrido: estar podrido de to be fed up with
poeta *(m./f.)* poet
policía *(f.)* police force
policía *(f./m.)* police officer
polvo dust
polvoriento dusty
ponderar to ponder over
poner (pongo) to put
  poner en fuga to put to flight
  ponerse to get, to become; to put on
    (clothing)
  ponerse a *(+ inf.)* to start to do
    something
  ponerse de/en pie to get up; to stand up
poquitín (poco) *(m.)* a little bit
por by; in exchange for; by means of; along
  por eso for that reason
porción *(f.)* portion
poro pore
porque because
portarse to behave
portezuela (puerta) small door
posar to put, to lay
poseer to possess
posibilidad *(f.)* possibility
posible possible
posición *(f.)* position
postal *(f.)*: **tarjeta postal** postcard
practicar to practice
precio price
precioso gorgeous
precisamente precisely
precisar to specify
preciso necessary
pregunta question
preguntar to ask
  preguntarse to wonder
premio prize
prender to grasp
preocupación *(f.)* worry, concern
preocuparse por to worry about
preparar to prepare
presentar to show
  presentarse to arrive; to appear, show up
presentimiento premonition
presión *(f.)* pressure
  a presión under pressure
preso prisoner
prestar: prestar atención to pay attention

prestarse to be suitable
prestigiar to give prestige
prestigio prestige
prevalecer (prevalezco) to prevail
previsto foreseen
primaveral spring *(adj.)*
principal main
principio: en un principio at first
prisa haste, hurry
  de prisa in a hurry
prisionero prisoner
privada *(n.)* dead-end street
privar(se) to deprive (oneself)
probablemente probably
probar (ue) to test
proceder to come; to go ahead
procurar to try
producir (produzco) to produce, cause
profecía prophecy
proferir (ie) to utter
profesor professor
profundo deep
prolongado prolonged
promesa promise
pronto ready *(adj.)*; soon *(adv.)*
  de pronto suddenly
pronunciar to pronounce
propicio favorable
propietario owner
propio own
proponer (like **poner**) to propose
proposición *(f.)* proposition
propósito: a propósito de because of
propuesta proposal
proseguir (like **seguir**) to go on
protagonista *(f./m.)* protagonist
protección *(f.)* protection
proteger (protejo) to protect
protesta protest
protuberancia protuberance
provocar to cause, to provoke
próximo next; close to
proyectar to plan
prueba proof
psiquiatra *(m./f.)* psychiatrist
público audience
púdico chaste
pudor *(m.)* modesty
pueblo town; people
  pueblo natal hometown

puerta door
  puerta corredera sliding door
puerto dock
puesto stand; job; place
  puestito (puesto) small stand
pulcritud *(f.)* neatness
pulgar *(m.)* thumb
pulido shiny
pulir to polish
pulpa pulp
puñado handful
punta tip
puntería good aim
punto: a punto de about to (do something)
  punto de partida starting point
punzón *(m.)* pick
puro: de puro just as
puta whore

que that
  lo que what, whatever
qué what
  qué ha sido de what has become of
  qué pasa what's the matter
quedar to remain; to be left; to be located
  quedar(le) bien/fenomenal to look good/great (on)
  quedarse to remain; to stay
  quedarse a/con to keep
  quedar(se) ciego to become blind
  quedarse parado to stop
quejarse to complain
quemadura burn
quemar to burn
querer (ie) to want, to love
querido dear, darling
quien who, whom
quién who, whom (in a question)
quieto still
quincena fortnight
quitar to take away
  quitarse to take off (+ clothing)
  quitarse de to get away
quizá(s) perhaps

rabia anger
rabillo: rabillo (rabo) del ojo corner of the eye

raído worn
raíz *(f.)* root
ramal *(m.)* strand
rápido fast
raro strange
rascarse to scratch
rasgados: ojos rasgados almond (shaped) eyes
rasgo feature
rato a while
  a cada rato once in a while
  a ratos once in a while, at times
  ratito (rato) a little while
rayo ray
razón *(f.)* reason
razonable reasonable
razonamiento reasoning
real *(m.)* coin of little value
  realín (real) coin of little value
realidad *(f.)* reality
  en realidad actually
realmente really
reanudar to resume
reaparecer (like **aparecer**) to reappear
rebanada slice
rebelde rebel
rebosante overflowing
rebotando bouncing
rebuscar to search
recámara bedroom
receptor *(m.)* receiver
recibir to receive
recién recently, newly
recipiente receptacle
reclamar to demand, to claim
reclutar to recruit
recobrar to recover
recoger (like **coger**) to collect, to pick up
recompensa reward
reconcentrado introvert
reconocer (like **conocer**) to admit; to recognize
recordar (ue) to remember
recorrer to go through; to run
rectificar to correct, rectify, straighten
recuerdo memory, souvenir
recuperar to recuperate; to regain
recurrir to appeal
redondel *(m.)* circle, roundabout
redondo round

refinadamente perfectly, absolutely
reflejo reflection
reflexionar to reflect
refrotar to rub
refugiarse to take refuge
refugio refuge
regado scattered
regalo present, gift
regar (ie) to water
registrar to notice
regresar to return
regular: de regular usually
reina queen
reír(se) (i) to laugh
reja iron work on a window
rejuvenecer (rejuvenezco) to rejuvenate
relación (f.) relationship
relámpago lightning
reloj (m.) watch
rellano landing
rellenar to stuff
remendar (ie) to mend
remolino swirl
remorder (ue) to gnaw
removido dug up; turned over
renegrido blackened
rengo lame person
repasar to polish, strop
repelar to complain
repente: de repente suddenly
repetir (i) to repeat
repleto crammed full, packed
reponer (like **poner**) to reply
reponerse to recover
representar: representar un papel to play a
   role
reproducir (reproduzco) to reproduce
repugnante disgusting, revolting
resentimiento resentment
reservado reserved
resignadamente with resignation
resistir to resist
resolver (ue) to decide; to solve
resoplido snort
resortera sling
respetar to respect
respetuoso respectful
respingón turned-up
respiración (f.) breathing
respirar to breathe

responder to answer, to respond
responsabilidad (f.) responsibility
responsable responsible
respuesta answer
resquebrajado cracked
restirador (m.) drawing board
resto remaining
resucitar to rise from the dead, to resucitate
resultado result, outcome
resultar to result
retener (like **tener**) to keep
retirar to take away
   retirarse to draw back
retrasado delayed
retroceder to go back, recede
retroceso retreat
retrovisor (m.) rearview mirror
reunión (f.) meeting
revelación (f.) revelation
revelar to reveal; to develop (pictures)
reventar (ie) to burst
revista magazine
revivir to revive
revolucionario revolutionary
revolver (like **volver**) to stir
revoque (m.) plaster
rezar to pray
ribeteado trimmed
rico wealthy; delicious
   ricacho (rico) moneybags
rictus (m.) grin
riego irrigation
rienda rein
riesgo risk
   riesgoso risky
rifa raffle
rincón (m.) corner
río river
risa laughter
ritmo rhythm
rito rite
robar to steal
roble (m.) oak tree
rodar (ue) to tumble down
rodear to surround
rodilla knee
rogar (ue) to beg; to pray
rojo red
romántico romantic
romper to break

roncar to snore
ronco hoarse
rondar to go around
ropa clothes, clothing
ropero closet
rosa pink (adj.); rose (n.)
rosado pink
rosario rosary
rostro face
rozar to rub, to graze lightly against
rubio blond
rubor (m.) blush
rueda wheel
  ruedita (rueda) small wheel
ruido noise
  meter ruido to make noise
ruiseñor (m.) nightingale
rumbo direction, course
  rumbo a heading for
ruta route

sábana sheet
saber to know
sabiduría wisdom
saborear to savour
sacar to get, take out
  sacar del apuro to get out of trouble
  sacarse to take off (+ clothing)
  sacarse la lotería to win the lottery
sacerdote priest
saco sack
sacrificar to sacrifice
sacrificio sacrifice
sacrílego sacrilegious
sagaz shrewd
sagrado sacred
sala living room
salado unfortunate
salida exit
  a la salida coming out
salir to go out, to leave (a place); to intervene
  salir mal to go wrong
salmodia psalmody
salón (m.) living room
saltar to jump
salud (f.) health
saludar to say hello
saludo greeting

salvar to save, rescue
  salvarse de to escape
salvavidas (m.) lifesaver
  bote salvavidas lifeboat
sandalia sandal
sangrante bleeding
sangre (f.) blood
  de sangre pure-blooded
santo saint
sarta string
satisfacción (f.) satisfaction
satisfacer (like **hacer**) to satisfy, be fulfilling
satisfecho satisfied
sazón: a la sazón at that time
secante (m.) blotter
secar(se) to dry
seco dry
secreto secret
secundario secondary
sed (f.) thirst
  tener sed to be thirsty
seda silk
seducir (seduzco) to attract
seductor (adj.) captivating
seguida: en seguida right away, at once
seguir (i) to continue; to follow; to go on
según according to; as
segunda: de segunda mano secondhand, used
segundo second
seguridad (f.) self-confidence
seguro safe; sure
sello: de muy distinto sello of a very different kind
semáforo traffic light
semana week
semejante similar
semidesnudo half-naked
sencillamente simply
senectud (f.) old age
seno breast
sensación (f.) sensation, feeling
sentarse (ie) to sit down
sentido meaning; sense
sentimiento feeling
sentir(se) (ie) to feel; to hear; to regret
seña signal
  hacer seña to signal
señal (f.) signal
señalar to point out

separar   to separate
sepulcro   grave
ser   to be *(v.)*; being *(n.m.)*
sereno   serene
serio   serious
serpiente *(f.)*   snake
servicio   service; servants
servir (i)   to serve
seso   brain
si   if
sí   yes; herself/himself/yourself/them-
   self/yourselves/themselves
   Eso sí.   Of course.
siempre   always
sierra   mountain range
siglo   century
   tardar siglos   to take forever
significado   meaning
signo   sign
siguiente   following
silencio   silence
silencioso   quiet, silent
silueta   silhouette; figure
silla   chair
simbólico   symbolic
simiente *(f.)*   seed
simplemente   simply
simultáneamente   simultaneously
sin: sin embargo   however
   sin novedad   nothing new, no change
sinceramente   sincerely
sincero   sincere
sino   but rather
siquiera   even
   ni siquiera   not even
sirviente *(m.)*   servant
sitio   place
situar   to locate
soberbia   pride, arrogance
sobrar   to have more than enough; to have
   left over
sobre   over; about; above
sobresaliente   outstanding
sobrina   niece
sociedad *(f.)*   society
socorro   help
sol *(m.)*   sun
   al sol   in the sun
solamente   only
solapa   lapel

solas: a solas   alone
soldado   soldier
soledad *(f.)*   solitude, loneliness
soler *(+ inf.)* **(ue)**   to be in the habit of
solícito   obliging
solidaridad *(f.)*   solidarity
solitario   lonely
solo   alone
   solito (solo)   alone
sólo   only
soltar (ue)   to release, let loose
soltería   celibacy
soltero   single
solterona   old maid
sollozo   sob
sombra   shadow
sombrero   hat
sombrío   somber
someter   to submit
sonar (ue)   to sound
sonido   sound
sonreír(se) (like **reír**)   to smile
sonriente   smiling
sonrisa   smile
   esbozar una sonrisa   to give a faint smile
   sonrisa burlona   smirk
sonrojar   to blush
soñador   dreamer *(n.m.)*; given to dreaming
   (adj.)
soñar (con) (ue)   to dream (about)
sopetón: de sopetón   suddenly
soplar   to blow, fan
sorprender   to take by surprise
   sorprenderse   to be surprised
sospecha   suspicion
sospechar   to suspect
sostener (like **tener**)   to hold
suave   smooth, soft; slow
subir   to climb, go up; to increase
súbito   sudden
subrayar   to underline
substraerse (like **traer**)   to evade
subterfugio   subterfuge
suceder   to happen; to succeed (in power)
suceso   happening
sucio   dirty
sudar   to sweat
sudor *(m.)*   sweat
   sudoroso   sweaty
suelo   floor

suelto   loose
sueño   dream
  tener sueño   to be sleepy
suerte *(f.)*   luck
  echar a la suerte   to draw lots
  toda suerte de   all sorts of, all kinds of
suficiente   enough
sufrir   to suffer
sugerir (ie)   to suggest
suicidarse   to commit suicide
sujetar   to secure, fasten
sujeto   secured
sumergir   to submerge
sumir   to plunge
superficialmente   superficially
superficie   surface
suponer (like **poner**)   to suppose
supremo   supreme
surcado   furrowed
surco   furrow
surgir   to emerge, to come out
suspiro   sigh
  lanzar un suspiro   to heave a sigh
sustancia   substance
susto   scare, fright
sustraer (like **traer**)   to steal
susurrar   to whisper
susurro   whisper

tabaco   tobacco
tabique *(m.)*   thin wall, partition
tabla   shelf
tacto   tactfulness
tal   such
tallar   to carve (in wood)
tamaño   size
también   too, also
tampoco   either/neither
tan   so
  tan... como   as . . . as
tantas: otras tantas   just as many
  una de tantas   one of many
tantear   to grope
tanto   so much
  al tanto   up to date
  un tanto   somewhat
  Y tanto.   And how!
tapa   lid

taparse   to cover up
tara   defect
tararse   to behave like an idiot
tardar (+ tiempo)   to take (+ time)
  tardar siglos   to take forever
tarde   late *(adv.)*; afternoon *(n.f.)*
tarea   task
tarjeta: tarjeta postal   postcard
taza   cup
tea   torch
teatro   theater
  obra de teatro   play
técnica   technique
techo   roof
tedioso   boring
tela   fabric
teléfono   telephone
telegrafista *(m./f.)*   telegraph operator
telón *(m.)*   theater curtain
tema   theme, subject
temblar (ie)   to shake
temblor *(m.)*   tremor
  tembloroso   shaking
temer   to fear
temor *(m.)*   fear
templado   polished
temporada   period of time
temprano   early
tenaz   tenacious
tenazas   pliers
tendedera   clothesline
tender (ie)   to spread out; to lay
  tenderse   to stretch down
tendido   lying down; hung out
tener (tengo)   to have
  tener cuidado   to be careful
  tener en cuenta   to bear in mind
  tener ganas de *(+ inf.)*   to feel like
  tener miedo   to be afraid
  tener por   to be considered as
  tener que   to have to do something
tenis *(m.)*   tennis
tensión *(f.)*   tension, strain
tenso   tense, tight
tentación *(f.)*   temptation
teñir (i)   to strain, to dye
terco   stubborn
terminar   to finish
término   term
ternura   tenderness

terraza terrace, balcony
  terracita (terraza) small terrace
tesoro treasure
testarudo stubborn
tez *(f.)* complexion, skin
tibio lukewarm
tiempo time; weather
  con el tiempo in time
  de un tiempo a esta parte for some time now
tienda store
tierno soft
tierra land; soil; earth
tilo linden tree
tímido timid, shy
tímpano eardrum
tina bathtub
tinieblas darkness
tipo: dar el tipo to be cut out for
tirante tight, tense
  ojos tirantes taut
tirar to throw away; to knock down
  tirarse de to jump off
tiro shoot
  tiro al blanco target shooting
tirón *(m.)* tug
titubear to hesitate
tocar to touch; to play (an instrument)
  tocar(le) to be the turn
todavía still
todo all, everything
  del todo completely
tomar to take, to drink
  tomar el sol to sunbathe
tono tone
tonto dumb; silly
tope *(m.)* upper part
  trabajar a tope to work too much
torbellino whirlwind
tormenta storm
tormento torture
tornar to go back to
torneado nicely rounded
torno: en torno (a) around
torpe clumsy; stupid
torvo grim
tostado tanned
tostar (ue) to toast, roast
trabajar to work
  trabajar a tope to work too much

trabajo job, work
traer (traigo) to bring
tráfico traffic
tragar to swallow
traicionar to betray
trance *(m.)* critical moment
tranquilidad *(f.)* calmness
tranquilizador tranquillizing
tranquilizar to calm down
tranquilo calm, quiet, peaceful
transcurrir to elapse, pass
transigir to give in
tránsito traffic
transporte *(m.)* transportation
transversal: calle transversal a street which crosses another
tranvía *(m.)* streetcar
tras after
  tras de behind
trasladarse to move
traspatio backyard
tratar to treat
  tratar de to try to
  tratarse de to be a matter of
trato treatment
través: a través de through
trayecto route
triángulo triangle
trigo wheat
trimestre quarter
triste sad
triunfar to triumph
triunfo triumph
trompo spinning top
tronco log
tronchar to cut short
tropa troops
trocito (trozo) little bit
trueno thunder
tumbar to knock down
  tumbarse to fall over; to lie down
tumbona deckchair
túnica tunic
turno turn
tuteo use of the familiar **tú** form of address

último last
  lo último the end
umbral *(m.)* threshold

único   only one
  lo único   the only thing
uniformarse   to wear a uniform
universo   universe
uña   fingernail
usar   to use
uso   use
usura   interest, profiteering

vacilar   to hesitate
vacío   empty
vadear   to ford
vado   ford
vagabundo   wanderer
vago   vague; lazy
vaho   smell
valer (like **traer**, except **valgo**): **valer la**
    pena   to be worthwhile
valor *(m.)*   value, courage
valorar   to value
valle *(m.)*   valley
vanidad *(f.)*   vanity
vapor *(m.)*   steam
variar   to change
varios   several
varón *(m.)*   male
vaso   glass
vecindad *(f.)*   neighborhood
vecino   neighbor
vejez *(f.)*   old age
velar   to blur
vena   vein
vencido   defeated
venda   bandage
vendedor *(m.)*   seller
vender   to sell
vengador *(m.)*   avenger
venganza   vengeance, revenge
venir (vengo) (ie)   to come
  venir al caso   to be relevant
venta   sale
ventaja   advantage
ventana   window
  ventanal (ventana) *(m.)*   large window
  ventanilla (ventana)   car window
ver   to see
verano   summer
veras: de veras   really
verdad *(f.)*   truth

  de verdad   really
  en verdad   truly
  ¿verdad?   right?
verdadero   true
verde   green
verdugo   executioner
vereda   path; sidewalk *(Ec.)*
vergonzante   shameful
vergüenza   shame, embarrassment
vestal   virgin priestess
vestido   dress
  vestido de novia   wedding gown
vestidor *(m.)*   dressing room
vestir (i)   to dress; to wear
  vestirse   to get dressed
vez *(f.)*   time, instance
  a su vez   in her/his/your/their turn
  a veces   sometimes
  de vez en cuando   once in a while
  en vez de   instead of
  había una vez   once upon a time there was
  otra vez   again
  tal vez   maybe, perhaps
  una vez   once
  una vez más   once again
vía   road
viajar   to travel
viaje *(m.)*   trip
  viajero   traveler
víctima *(f.)*   victim
vida   life
vidriera   glass window
vidrio   glass
vieja *(n.)*   old woman
viejo *(adj.)*   old
viento   wind
vientre *(m.)*   belly
vino   wine
violencia   violence
virar   to turn
viscoso   sticky
visita   visit
víspera   day before
vista   sight; view
visto: por lo visto   obviously
vitrina   shopwindow
víveres *(m.p.)*   provisions
vivir   to live
vivo   alive
vociferante   vociferant

volante *(m.)*   steering wheel
volar (ue)   to fly
volcar   to pour out
volquete *(m.)*   dump truck
volumen *(m.)*   volume
voluntad *(f.)*   will
volver (ue)   to return
   volver a   to start to . . . again
   volver a la carga   to renew the attack
   volverse   to become; to turn one's back
voracidad *(f.)*   voracity
voz *(f.)*   voice
   en voz alta   aloud
vuelta   walk, stroll; return
   a la vuelta   once back from
   dar vueltas   to go around
   darle la vuelta   to go around
   darle vueltas   to worry about
vulcanizadora   vulcanizer, shop where tires are repaired

ya   already
   ya no   no longer
yacer (like **hacer**)   to be lying down
yema: yema del dedo   fingertip
yerba   grass
   yerba mate   maté, tea (drunk in some countries of South America)
yeso   plaster
yugo   yoke

zafar   to unfasten, untie
zanjón (zanja) *(m.)*   large ditch
zapato   shoe
zarzal *(m.)*   thicket
zona   zone
zumbar: eso le zumba *(coll.)*   that is really the limit
zurcidor *(m.)*   mender